寻味山东

朱海兰　著

北京出版集团公司
北　京　出　版　社

图书在版编目（CIP）数据

寻味山东 / 朱海兰著. — 北京 ：北京出版社，2019.9
ISBN 978-7-200-15082-7

Ⅰ. ①寻… Ⅱ. ①朱… Ⅲ. ①旅游指南 — 山东②饮食 — 文化— 山东 Ⅳ. ①K928.952 ② TS971.202.52

中国版本图书馆 CIP 数据核字 (2019) 第 157841 号

寻味山东
XUNWEI SHANDONG
朱海兰 著
*
北京出版集团公司
北京出版社 出版
(北京北三环中路 6 号)
邮政编码：100120

网址：www.bph.com.cn
北京出版集团公司总发行
新华书店经销
三河市嘉科万达彩色印刷有限公司印刷
*
880 毫米 ×1230 毫米 32 开本 6 印张 196 千字
2019 年 9 月第 1 版 2019 年 9 月第 1 次印刷

ISBN 978-7-200-15082-7
定价：49.80 元

前言

山东是鲁国与齐国的发源地，所以山东又被称为“齐鲁大地”，在齐鲁大地上创造发明的美食，自然而然就叫“鲁菜”了。鲁菜是中国八大菜系中唯一的自发型菜系，历史悠久、技法丰富，是我国最早的地方风味菜。

齐鲁大地有着丰厚的文化底蕴和特产资源。具有中国“泉城”之美称的济南，芙蓉街、美食街、烧烤一条街这三条美食街是游人必到之处。有着“东方圣城”之美誉的曲阜，是孔子的故乡，这里的菜属于鲁菜系的孔府菜，被称为官府菜，特别讲究菜品与器皿搭配的技巧，在烹饪方法上更是下足了功夫……

而散落在民间的家喻户晓的山东小吃更是数不胜数，像沂蒙大煎饼、周村烧饼、菏泽马蹄烧饼、枣庄辣子鸡等，这些带着地方特色与传奇故事的美食，更是每一位走进山东的旅人追寻的味道。

寻味山东，让我们一起走进美食的天堂，享受味蕾上的快乐时光。

目录 CONTENTS

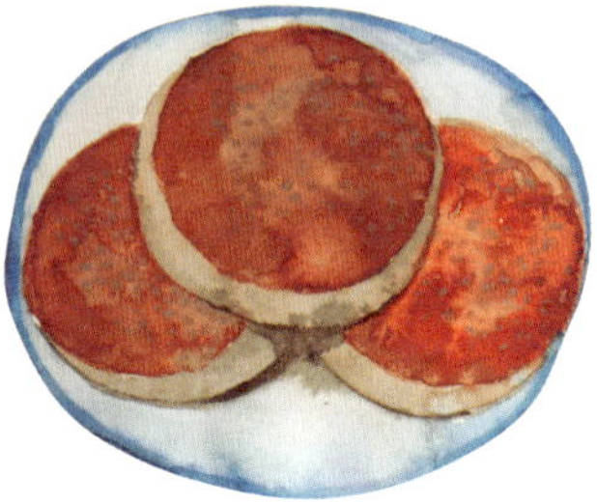

行前必知

【山东印象】

山东是一个文化底蕴深厚、特产资源丰富、风景优美、历史悠久的地方。这里有济南清冽的七十二泉，有被尊为五岳之首的巍巍泰山，有风景秀美的蒙山沂水，有全国最大的菏泽牡丹种植基地，有孔孟之乡济宁……

【地理】

山东是中国东部沿海的一个重要省份，位于黄河下游，东临渤海、黄海，与朝鲜半岛、日本南部列岛隔海相望，西北与河北省接壤，西南与河南省交界，南与安徽省、江苏省毗邻。

【气候】

山东四季分明，气候温和，降水集中，雨热同季。全省年平均气温为11~14.5℃。一般东部气温偏低，西南部气温偏高，东部沿海地区气温差比西部内陆地区小。

【历史】

山东古时分为齐、鲁两国。姜太公辅佐周武王有功，武王打下江山后把齐地封给姜太公，从此齐国成为周国重要的封国，定都于今天的淄博临淄。鲁国的国都是曲阜，鲁国秉承周朝礼乐典仪，尊尚仁义、伦理、人和。

【民族与宗教】

山东属于少数民族散居、杂居的地方，在山东居住的主要有回族、朝鲜族、满族、蒙古族、苗族、彝族、壮族、土家族、佤族等少数民族，其中，回族人口达53万左右。

山东省的宗教文化活动丰富，在风景优美的山间、河畔不经意间就能看到古色古香的道观或者寺院，还有美丽的伊斯兰教清真寺矗立在城市的一隅。

【文化与艺术】

山东的文化艺术丰富多样。山东的吕剧是我国的八大戏曲剧种之一，山东梆子在山东广为流传。同时，杨家埠年画和高密的扑灰年画入选中国第一批非物质文化遗产名录。

【美食偏好】

“中国面食看山东，山东面食在民间。”济南打卤面是中国十大面之一，沂蒙大煎饼是山东人的最爱，还有馒头、包子更是山东人餐桌上必不可少的美味，同时大虾、花蛤等各种各样的海产品也深受人们喜爱。

山东是中国四大菜系之一鲁菜的发源地。鲁菜又分为济南菜、胶东菜和孔府菜，三个菜系因所处地理位置的不同，各有特色，各有所长。

必游景点 TOP10

【曲阜】

曲阜古为鲁国国都，孔子故里，被誉为“东方圣城”。孔府、孔庙与孔林被世人称为“三孔”。孔府是孔子的子孙后代居住的地方。孔庙是祭祀孔子的地方，是世界上 2000 多座孔庙中最大的一座。孔林是孔子家族的墓地，林内现有历代墓碑 4000 余块，是中国碑刻数量最多的碑林。

【趵突泉】

济南趵突泉是国家 AAAAA 级风景旅游区，景区内林木葱郁翠绿，汩汩喷涌的泉水清冽透明，蓝天、绿树、清泉，美得让人陶醉。

【千佛山】

作为济南三大名胜之一的千佛山，是游客不容错过的地方，那里不仅风景优美，还有美好的爱情传说在等待着人们。

【泰山】

泰山雄伟奇峻，为五岳之首。在泰山上看日出、日落和黄河金带，你会为眼前的景色所震撼。走过泰山十八盘，再到泰山玉皇顶，一路风景变幻如梦，潺潺的流水声悦耳动听，远处寺庙里的钟声深沉悠扬。

【泰安方特欢乐世界】

泰安方特欢乐世界，是国际一流的第四代主题公园，里面的游乐项目趣味十足又富有刺激性，会让人们忘记烦恼与忧伤，让身心都得到放松。

【沂蒙山】

“人人那个都说哎，沂蒙山好，沂蒙那个山上哎，好风光。青山那个绿水哎，多好看……”听着优美的《沂蒙山小调》，行走在鸟语花香的天然氧吧沂蒙山，眼前的绿层层叠叠，像波涛起伏的大海。百丈瀑布从天而泻，蒙山寿星高大伟岸。沂蒙山不仅风景优美，历史上这里还出现了许多英雄。

【青岛】

青岛，是一个一面依山、三面环水的美丽城市，楼房的建筑风格汇集了26个国家的建筑特色。这里有郁郁葱葱的青岛植物园，偌大的五四广场，旧时的德国建筑，还有最美的海底世界。

【淄博鲁山国家森林公园】

鲁山国家森林公园总面积42平方千米，主峰观云峰海拔1108.3米，为鲁中最高峰。公园内山泉清澈、树木林立、花果飘香，置身其中，就如置身于世外桃源。

【菏泽曹州牡丹园】

菏泽牡丹栽培已经有上千年的历史，从每年的4月上旬到五一期间，整个曹州牡丹园内各种名贵牡丹花竞相盛开，国色天香的牡丹引来了四面八方的游客。

【蓬莱阁】

蓬莱阁位于烟台市蓬莱县北1.5千米临海的丹崖山上，是首批国家AAAAA级风景旅游区，也是中国古代四大名楼之一。

人气美食TOP10

【打卤面】

老济南打卤面，卤色鲜艳红润，味美诱人。打卤面贵在其汤，老济南打卤面所用的高汤汤清味正，一般所用原料为鸡、鸭、肘子，熬制时间需要10多个小时。

【九转大肠】

九转大肠为济南的特色名吃，因做工精细，造型精美，味道鲜香可口，而被人们喜爱。

【辣炒花蛤】

辣炒花蛤辣得够劲，鲜得够味，让人们吃得酣畅淋漓。所以，人们往往对它情有独钟。

【临沂大煎饼】

在大煎饼里卷上你喜欢的青菜，再把大葱蘸上甜面酱卷进去，越咀嚼越香郁，你会突然感觉，我们此时咀嚼的不是煎饼，而是幸福与生活的味道。

【博山豆腐箱】

博山豆腐箱味道鲜美、营养丰富、做法精细、技法考究，是山东的特色名吃，也是淄博人宴席上的必备菜品。

【周村烧饼】

素有“一斤面粉半斤芝麻”之称的周村烧饼，形圆体薄，正面布满密密麻麻的芝麻，背面布满酥孔，色泽金黄，薄如秋叶，以薄、香、酥、脆而闻名。

【酥锅】

每当想起酥锅，就会想起小时候浓浓的年味。小时候只有过年才能吃到的美味酥锅，现在在淄博的大街小巷都可以吃到。

【菏泽面泡】

菏泽面泡无比美味，一旦换了区域，无论你是多么厉害的面泡高手，也无法做出菏泽面泡的专属美味。

【泰安三美】

白菜、豆腐、泰安水构成了泰安三美这道特有的美味，简单的食材，让游客们吃出了不一样的味道，既清淡又爽口。

【葛石煎包】

煎包是山东的特色美食，色泽金黄、热气腾腾、香飘四溢，咬上一口，酥软焦嫩，沁人心脾。

济南

用泉水煮美食的地方

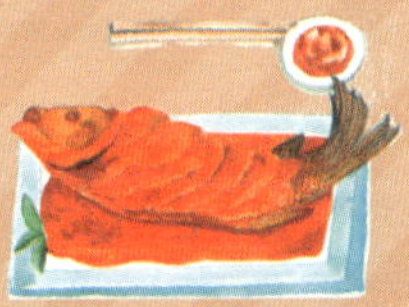

在济南泉城这个史前“龙山文化”的发祥地，在时光深处，在青春最美好的岁月里，想与一段缘分、一道美食相遇，想一品鲁菜的美味与雅致。

行住玩购样样通

行在济南

如何到达

飞机

济南遥墙国际机场位于山东省济南市历城区，是中国重要的入境门户和干线机场之一。机场设施齐全，在候机楼隔离区内设有多个母婴室，室内包含婴儿护理台、水池、座椅、婴儿车等。

火车

济南站有发往全国各地的火车，济南西站只停靠高铁和动车，济南东站规模最小。

市内交通

公交

济南公交分为普通公交、特速公交、社区公交、通勤快巴、临时摆渡线和无轨电车。

出租车

济南出租车计费标准为 3 千米内起步价 8 元，超过 3 千米按每千米 1.5 元计价，超过 6 千米后按每千米 2.25 元计价。

住在济南

长城大厦

地址　济南市槐荫区经四路 539 号
电话　0531-51624566
价格　173 元起

长城大厦是一座集商务、住宿、美食、会议、购物等于一体的综合型酒店，周围有英雄山、大观园、红谷叶、济南国际园博园等著名景点。

济南美得乐大酒店

地址　济南市历下区历山路 74 号
电话　0531-66577777
价格　328 元起

酒店环境优美、干净，距离大明湖、泉城广场非常近，10 分钟车程即可至趵突泉。

济南天发舜和商务酒店

地址　济南市天桥区堤口路 31 号济南啤酒广场西侧

电话　0531-68000000
价格　358元起

该酒店位于济南市天桥区黄金路段，北依长途汽车总站，南距火车站仅10分钟车程，打车去济南高铁站30分钟即可抵达。

玩在济南

济南大明湖

地址　济南市历下区大明湖路271号
门票　40元

济南大明湖是济南三大名胜旅游景点之一。湖边堤柳成荫，湖中荷花飘香，亭台、楼阁、小榭点缀在风景深处。

趵突泉

地址　济南市历下区趵突泉南路1号
门票　40元

济南趵突泉是济南七十二泉之首，国家AAAAA级风景旅游区。济南趵突泉园内亭台楼榭，曲径通幽，一片枝叶繁茂、姹紫嫣红的景象。

泉城广场

地址　济南市泺源大街69号
门票　免费

济南泉城广场坐落于济南市中心的繁华地带，东眺解放阁，西依趵突泉，南面千佛山，北临大明湖，是济南最大的中心广场。济南泉城广场建筑设计经典而又豪华，周围店铺林立，既繁华又热闹。

购在济南

高桩馍馍

店名　高桩馍馍
地址　济南市历下区水屯北路与七一路交叉口南
价格　约0.5元/个

到济南一定要品尝一下济南的高桩馍馍，手工做成的高桩馍馍看起来晶莹，嚼起来筋道。

油炸螺丝糕

地址　济南市各糕点铺
价格　约23元/千克

油炸螺丝糕是济南的一种传统精美小吃，外脆里嫩，葱香浓郁。

开启济南美食之旅 >>>>>

颜家菜

地址 济南市历下区历山顶街与黑虎泉西路交叉口西150米

电话 13964011499

糖醋鲤鱼

人间难寻此真味

人生总要有一次说走就走的旅行，我对济南这个素有泉城之称、特色名吃聚集的美丽城市充满了向往，在朋友的建议下，终于开启了我们的济南之旅。

既然是到济南来寻找人间美味，第一个要品尝的当然是济南特色名吃糖醋鲤鱼了。好友老聂是一位地地道道的济南人，对济南大大小小的餐厅、酒店都很熟悉。济南特色菜谁家做得正宗，哪家餐厅上了新菜品，他再清楚不过了。

一心想品尝正宗鲁菜的我们，在老聂的推荐下，走进了装修颇具古典风韵的“颜家菜”。这家餐厅是鲁菜泰斗颜景祥大师的长子、中国饭店业协会副会长、中国鲁菜特级烹饪大师颜卫星师傅继承开创的私房菜馆。

颜景祥老师生于1939年，他为鲁菜的传承和发展做出了巨大的贡献，是目前中国声望最高的厨师之一，先后被中国烹饪协会、山东省烹饪协会和中国商务部授予“中国烹饪特级大师”“中国鲁菜烹饪特级大师”“中华名厨”等荣誉称号。

颜卫星老师深受父亲影响，在厨艺方面也很有造诣，且做事严谨，就拿糖醋鲤鱼这道菜来说，所选用的原料都是黄河野生的鲤鱼，如果当天买不到野生鲤鱼，我们便无法品尝到糖醋鲤鱼的美味了。黄河鲤鱼生命力强、颜色鲜艳，比起饲养的身体肥厚的鲤鱼，它的身体略显细长，一条鱼的重量在一斤半左右。

“工欲善其事，必先利其器。”刀工，是厨师的真功夫。人们常说，服务行业三把刀：一把是理发师的剃头刀，一把是修脚师的修脚刀，一把是厨师的菜刀。给鲤鱼过刀是一个技术活，要在收拾干净、沥干水的鲤鱼身上，先立切 1 厘米、再平切 2 厘米，在鱼身两面每隔大约 2.5 厘米斜切一刀，一条鲤鱼大概要切 12 刀。下刀时力度要均匀，否则鱼身就会被切断。

熬糖醋汁也是一个细致活儿，掌握好火候非常重要，如果火大了，糖醋汁会煳，失去鲜香、甜美的味道。要用文火慢慢收汁，随着锅里热气的蒸腾，红色的汁液逐渐变浓，用筷子一夹，如果能拉出糖丝来，就证明糖醋汁已经收好。

任谁也不会想到，这糖醋鲤鱼的由来，竟然与一场宫斗有关。相传伍子胥逃到吴国后，得到吴国公子姬光（即后来的吴王阖闾）的收留和重用。而公子姬光一心想取而代之的吴王僚最爱吃鱼，伍子胥便派自己身边的勇士专诸去学习做鱼的方法。专诸结合各种鱼的做法，用糖和醋熬制成酱汁，做出了一道美味无比的“炙鱼”，这道鱼的美味很快就传到了吴王僚的耳中。当姬光邀请吴王僚来赴鱼宴的时候，吴王僚毫无防备地来了。在鱼宴上，专诸用炙鱼鱼腹里藏的匕首成功刺杀了吴王僚。

柔和的灯光下，我望着眼前这道外焦里嫩、身体呈“U”形、通体透明如琥珀色的糖醋鲤鱼，不禁垂涎欲滴，开始享受这玉盘珍馐。吃糖醋鲤鱼也是有技巧的，用筷子夹起一块鱼肉，然后蘸一下盘子里的酱汁，再放入口中，那种酸甜可口、咸辣得当的味道立刻就蔓延于舌尖之上。

尚德源鲁菜馆

地址　济南市历城区花园路84-11号
电话　0531-55504691

九转大肠
盛开在人间的美味

用数字给菜命名，是中国人的惯用手法，如一品豆腐、套四宝、三鲜面、八宝豆腐、九转大肠等，中国的数字蕴含的文化和寓意总是给人们留下无限的想象空间。每到一座城市，最不能辜负的就是这个城市的风景与美食。和朋友逛了一整个上午，逛完了大明湖又来到趵突泉，超负荷的体力运动，让肚子饿得“咕咕”叫起来，腿也开始变得软弱无力。于是我们赶紧叫了一辆出租车，朋友对司机师傅说道：“师傅，我们去尚德源鲁菜馆。”

尚德源鲁菜馆的厨艺顾问刘文君是颜景祥老师的弟子，也是尚德源鲁菜馆总经理高超的师傅，现担任山东省烹饪协会常务理事、《鲁菜研究》杂志社编委会委员、山东省餐饮业一级评委等众多职务，同时也被评为“中国鲁菜烹饪特级大师”。

服务生把菜单递给我们的时候，“九转大肠”四个字便呈现在面前，我们不禁对这道菜充满了好奇，一边用手指着菜谱，一边问服务生：“为什么叫九转大肠啊？是不是把肠子拧九个弯就叫九转大肠了？”服务生听到我幽默的问话，笑了起来，并热情地向我们介绍这道菜的来历。

清光绪年间，济南有个餐厅名叫“九华楼”。这一日餐厅老板为一群贵宾上了一盘红烧大肠，只见这一盘红烧大肠色泽红润，如一朵朵玫瑰花盛开在盘子里。当大家把大肠放入口中品尝时，发现味道更是鲜香可口，酸、甜、咸、辣齐聚舌尖之上，大家纷纷点头说好吃。当有客人知道这道菜还没有名字，并且餐厅老板喜欢“9”这个数字，而“9”又和“久”谐音，字义吉祥，便为此菜取名“九转大肠”。

听完服务生的介绍，本来就饥肠辘辘的我们更饿了，点了几个素菜后，便对服务生说道：“荤菜就点这个九转大肠吧。”一道菜之所以能成为一个地方的特色名菜，自然有它特别吸引人的味道。九转大肠是山东济南传统特色菜，其做工非常精细，每一道工序都有严格要求，如果哪一个环节稍有差池，就会把菜做砸。做这道菜首先要用大火烧开，再用小火来煨，文火慢炖，这样煨出来的菜才会酥软而且香味四溢。当汤汁渐渐变得黏稠的时候，放入胡椒粉等调料，淋上一层花椒油，接着再把菜盛进盘子里，撒上几片香菜叶，一盘九转大肠就做好了。

那红里带黄的颜色散发着诱人的光泽，上面几片香菜叶点缀得恰到好处，轻轻闻一下，香气扑鼻，不禁让人满口生津。夹起一块九转大肠，放进口中，肥腴爽口，酥软脆嫩，浓郁的香气沁人心脾。

弘春美斋
地址　济南市历下区世贸宽厚里3期2组团楼内街135号
电话　13791138189

油旋
让人无法拒绝的味道

一个小小的油旋为什么会美名远扬，自然与它的工艺和味道有关。老济南人最爱吃油旋，并亲切地称油旋为“油旋儿”，油旋最大的特色是“百年不变的味道”，这样的味道才是最纯正的老济南味。

为了一品正宗油旋的美味，我们去了“弘春美斋”。这家店的创始人名叫卢利华，是中国烹饪大师、中国面点高级技师、山东省省级非物质文化遗产济南油旋制作技艺代表性传承人、原老聚丰德饭店油旋制作传承人，并且她还有着“济南油旋姐”的美称 。距离店面还有很远一段距离时，便看到买油旋的人排成了长长的一队。店面虽然不大，但却装饰得古色古香，尤其是悬挂在门楣上的几个闪着金光的牌子格外抢眼，都是“油旋姐”近几年获得的荣誉和奖章。

油旋姐家的油旋最大的特色是“实在”，正因为如此，才让他们在激烈的市场竞争中立于不败之地，回头客越来越多，来品尝油旋的人也越来越多。别看只是一个小小的油旋，要想做出正宗的味道，十二道工序都要严格按照正常程序操作，且环环相扣，绝不允许有一丁点的马虎，弘春美斋的每一个油旋都是油旋姐亲自动手制作而成的。

制作油旋的用料非常普通，主要是面粉。在和面之前，会根据气温不同，调整和面的水温，并严格按水与面的比例和面，和好的面需要进行发酵。在发酵的过程中，油旋姐开始准备葱油泥，大葱需切成米粒大小的葱米方能使用。只见油旋姐随手抓了两把面放入提前准备好的胡麻油中，加入糖和芝麻后，开始搅拌，制作成功的油泥，就像我们平时吃的芝麻糊一般。望着色、香、味俱全的油泥，让人禁不住直流口水。

接着把发酵好的面放到面板上揉，直揉到面团油亮润泽，油旋姐便把整块面揪成一个个重量约为一两的面团，用擀面杖把面团擀成面片，把做好的油泥均匀地抹到面片上，然后把面片小心地由一边轻轻地折起来。油旋姐一边折，一边对我们说："不要小瞧这一折，这里面的学问大着哩。这样对折后，要把这个小小的面片再卷 15 下，做出的油旋出炉后，就是 60 层，这才是最精致、最漂亮的油旋。"

如果是外行，此时会以为油旋姐用铲子把油旋压成饼就要立刻下炉来烤了，可她却没有这样做，而是把油旋放到炉案上，用手轻轻地边压边旋转饼坯，直到其直径为 10 厘米左右。等两面都变成淡黄色后，再把一个个油旋放进烤炉内，不一会儿的工夫，一个个散发着浓郁香味的油旋就出炉了。只见一个个外皮酥脆、色泽金黄的油旋呈现在我们眼前。本以为到了这一步，油旋就做成了，但油旋姐却用手在刚刚出炉的一个油旋的中间一捅，油旋立刻就变成了螺旋状，用了不到一分钟的时间，十几个油旋都变成了螺旋状。望着这么神奇的变化，真是让我们大开眼界，也终于知道这饼为什么叫油旋了。其实，作为济南油旋的非遗传承人，油旋姐感觉自己肩上承担着更多的责任，她要用匠人之心，让每个作品都趋于完美，让济南油旋这个特色小吃能够走出济南，让更多的人知道油旋，并且能品尝到油旋的美味。

甜沫唐

地址 济南市历下区历山路91-1号

电话 15315583724

甜沫

旅途中的甜蜜味道

济南美食有二怪：茶汤非茶，甜沫非甜。甜沫到底是怎样的一种人间美味呢，竟然让济南人如此钟爱？怀着好奇心，我们打算去品尝一番。

甜沫唐是吃甜沫最正宗的店，在这家小店，我们揭开了甜沫不甜的秘密。原来它是以小米面为主，加上大豆、花生、豆腐、粉条等食材熬制成的一种营养价值极高的咸粥，济南人又俗称之为“五香甜沫”。

明末清初的时候，济南火车站附近有一家餐馆，接待的客人大多是那些做苦力的人们，老板明白，这些人大鱼大肉自然吃不起，可常年干活又要增加营养，所以以豆制品来为他们制作各种美味。有一日，老板家里来了客人，因为聊天聊得太晚，他们吃剩的菜也没有来得及收拾。第二天开门营业的时候，望着那些基本没有动的豆腐皮、花生米，老板灵机一动，把这些菜放进了粥里，结果大家喝完后对这道粥大加赞赏。第二天再来吃早餐的时候，还是向老板要这道粥喝。老板就把各种小菜弄好放进盘子里，大家在喝粥的时候喜欢吃什么菜，就往粥里添什么菜，所以人们最初管这种粥叫“添么”，久而久之，就变成谐音“甜沫”。

经过时代的变迁，甜沫的做法慢慢更新改良，味道越来越好，渐渐就成了济南的特色小吃，也成为济南人早餐桌上不可或缺的美味。如果您想自己制作甜沫，在前一天晚上就要开始准备。甜沫所用的主料是当年新产的小米，并且用最传统的方法在石磨上磨成粉。晾米的过程也非常讲究，早上气温一般比较低，随着太阳慢慢升起，气温逐渐升高，这段时间是小米充分而又柔和地吸收阳光的最佳时间，会让米香更加充盈而饱满，要一直这样自然晒到八成干。

喝甜沫最大的特点就是添菜的过程，望着桌子上那些新鲜蔬菜和金黄油亮的豆制品，会让你食欲大开。还等什么呢，坐在饭桌前，轻轻呷一口甜沫，那种清香的味道，立刻就能激发你的味蕾兴奋度。喝着美味的甜沫，再配上两根油条，一碟小咸菜，幸福就是这样简单。

姜太公石锅鱼（泉城广场店）

地址　济南市市中区泺源大街212号

电话　0531-86150015

打卤面

盛夏时节的美味

济南之所以叫泉城，是因为济南的泉眼极多，能叫上名字的泉眼就有七十二泉。有水的地方自然就有荷花，每年盛夏，济南大明湖里荷花盛开的时候，也正是济南大明湖荷花节到来的时候。四面八方的游人齐聚泉城赏荷花，有风景的地方，就会有美食等待着我们。在这炎炎夏日，一边欣赏荷花，一边吃一碗老济南的打卤面，还有什么比这样的时光更美好的呢？

今天我与朋友一起来到了位于济南市市中区泺源大街的“姜太公石锅鱼”来吃老济南打卤面。正值盛夏，为了满足食客们的需求，这家餐厅新推出了一款“济南泉水打卤面”。泉水打卤面，以优质的小麦面粉为主料，在和面的时候，加入适量食用碱和盐，和面用的水不是我们饮用的普通自来水，而是使用富含多种矿物质的天然泉水。和面的过程也是一个很费力气的活儿，一定要反复揉压，把面揉得光滑有弹性才可以。为了让面吃起来筋道，和完面之后需要一刻钟左右的时间醒面，然后再反复揉搓，就可以开始切面了。做成的面条细如丝、手缠成缕、疏而不乱、十分筋道。锅里加入泉水烧开，再把面条放进去煮熟、捞出、沥干，然后放入甘洌的泉水里过凉，最后盛入碗中。

济南打卤面有“三分卤，七分面”之说，一碗味道鲜美的打卤面，自然离不开肉卤的陪伴。肉卤的做法是非常精细的，首先要把精肉切成肉丁，将花生油倒入锅里后烧热，放入葱末、姜末爆香，再把肉丁放入锅里翻炒，炒得差不多了，放入豆瓣酱、料酒、老抽、生抽、醋、味精再炒一会儿，然后倒入高汤，勾芡，为了提味，还可以放一些鸡精进去，肉卤就做成了。根据顾客口味的不同，浇面的卤也是多种多样、荤素搭配，各种卤摆放在一起，好似群英荟萃。

把肉卤浇到面上，再配上一些豆角、茄子、青豆、蒜薹、黄瓜丝、香椿芽、香菜末、花生碎等，然后将芝麻酱、香醋、蒜汁等浇在碗中。此时，你会看到卤子已经高过了洁白的瓷碗碗口，碗中红绿相间、颜色诱人，让人垂涎三尺。

用筷子轻轻搅拌一下，那些青菜与肉卤一下就和面条融为一体，一股浓郁的麦香扑鼻而来。吃上一口，顿觉入口爽滑，一根根面条细白绵长、十分筋道，清凉的香味沁人心脾，一碗打卤面赶走了内心的烦闷与燥热。在这令人陶醉的美景里，享受着人间美食，于是让人明白，懂得珍惜，学会生活，幸福就是自己给予自己最美好的礼物。

伍忠号黄家烤肉正宗楼

地址　济南市章丘区绣惠镇中心大街与 244 省道交叉口东北角

电话　0531-83471458

黄家烤肉

荷花深处飘肉香

既然来到了济南，怎能不去李清照的故居看一看，又怎能辜负了章丘的特色名吃“伍忠号黄家烤肉”的美味。

黄家烤肉是传统的济南名吃，起源于明末清初，距今已有 300 多年的历史。相传济南章丘区黄家湾有一个在朝中做武官的黄姓人，从朝中请辞后，带着家人和仆人回到老家章丘定居下来。他有一个贴身随从是蒙古族人，经常点燃松树枝烤羊肉吃，并时常把烤的羊肉送给黄家人来品尝，鲜美的烤肉让黄家人欲罢不能。可章丘养猪的人多，养羊的人少，于是黄家人便以猪肉代替羊肉来烤着吃。到明朝末年，黄家的后人经过不断创新，竟然发明出来用特制的炉子烤整猪的方法，这样烤出来的猪肉让人赞不绝口，人们纷纷前来购买，从此黄家人便以烤肉来谋生。

黄家烤肉被评为“天下一绝”，自然有自己的独特之处。

第一绝，黄家烤肉的炉子与众不同，为边长 2.5 米的正方形，炉壁用保温砖修砌而成，像是一个口小肚大的缸。这样高大的炉子，人自然是无法站在地上工作的，所以炉子旁边又做了几个台阶，以供工作人员使用。

第二绝，黄家烤肉烤的是上百斤重的整只猪，烤这样的猪肉，如果没有一定的秘诀，这猪肉能否烤熟恐怕都是个问题。再就是为整只猪剔骨，也是一个高难度的技术活儿。所以烤肉的技术、火候的掌握自然就与普通烤肉完全不同了。

第三绝，在烤肉之前，用各种调料给整只猪调味，是一个复杂而又烦琐的过程。瘦肉最多的部分怎么辅配调料、中间一层肥肉怎么辅配调料，烤肉最好吃的当数肥瘦均匀的部位，既有瘦肉的嚼劲，又有肥肉的甜香，而且经过熏烤的肥肉，不再那么油腻发白，而是微微透明，带着一点酥酥的如腊肉一般的口感，油脂四溢，香气扑鼻。

第四绝，就要讲到黄家烤肉所用的柴火了，黄家烤肉既不用煤炭，也不用松枝，用的是松软易燃的麦秆。

第五绝，黄家烤肉所用的调料不同，一只大约 120 斤的整猪，需用去 3 斤精盐，大茴香、小茴香、丁香需要 3 两左右，其他调料也需要用 2 两左右。

炉子里火苗不断地蹿出，老远便能闻到浓郁的烤肉香味，这香味里还夹杂着一股饱满的麦瓤香，烤肉皮香酥、肉软嫩，肥而不腻，鲜香味美。我把烤肉切片夹到热馒头里，咬一口，只觉得舌尖生香，再配上黄瓜拌海米、芥末金针菇、红油百叶之类的小凉菜和一杯啤酒，你会感觉到满满的幸福感。

草包包子铺（普利街总店）

地址 济南市市中区普利街15号

电话 0531-86921454

草包包子

平凡日子里的美味

草包包子在济南食客中一直有着很好的口碑。其创始人张文汉先生在童年时期便拜名厨李安为师，并在“继镇园”饭庄学艺。张文汉聪明伶俐且干活实在，李安非常喜欢这个小徒弟，把自己的绝活儿都传给了他。

后来，张文汉自立门户，在包子的制作上不断改进和创新，在自己的潜心钻研下，创造出新的风味特色。往往包子还没出锅，香味便从老街的这头飘到了另一头，草包包子很快美名远扬，成为济南人喜爱的小吃之一。

我们来到草包包子铺，这里可谓人满为患，可以看到，在柜台里面，有一个用大落地窗隔开的制作包子的房间，可以看清包子制作的整个过程。

在做草包包子的时候，要把面分成两份，一份用自来水和，并用酵母发酵，另一份要用70摄氏度的热水来和。两团面和好后，揉到一起，再揉几分钟，然后用布盖上醒面，大概醒15分钟，便可以开始擀包子皮了。只有这样和出的面，擀出来的包子皮才会薄而韧，可以装更多的包子馅，包子皮也不会轻易在蒸包子的过程中裂开。

草包包子属于灌汤包，所以做馅的时候，与普通包子馅的做法是不一样的，一般做肉馅的时候用八分瘦二分肥的肉，这样做出来的馅肥而不腻。讲究的店家，肉馅是从来不用机器绞的，而是用手工来剁，这样既卫生又保持了肉的营养成分。等一切做好，只见师傅把放入馅料的包子皮在手心里灵活地一个转圈，一个包子有着 18 个褶子，如菊花顶一般的草包包子坯就做成了。很快一笼包子就上笼了，用竹子编成的蒸笼蒸出的包子，自然别有一番风味。随着白色的蒸汽升腾，一股浓郁的香气也钻进了我们的鼻孔。

大约 15 分钟后，师傅把锅盖掀开，蒸汽一下子喷涌而出，那被蒸汽环绕的包子，好像一朵朵怒放的白菊花。透过薄薄的、晶莹的包子皮，甚至都能看到里面饱满的包子馅。更贴心的是，店家从来不把包子直接放进食用方便袋里给食客们，而是先用荷叶把热气腾腾的包子包起来，再递送到食客们的手中。咬一口包子，里面鲜美的汤汁流入口中，浸了汤汁的肉团不肥不腻，入口爽滑，鲜香里还带着一丝荷叶的清香，这味道如此美妙，让人回味无穷。

青岛

海鲜城里享受美好时光

青岛不仅美景众多，也是食客的天堂，这里的海产品，让你怎么吃也吃不厌。

行住玩购样样通

行在青岛

如何到达

飞机

青岛流亭国际机场距市中心23千米，是山东省规模最大的民用机场，在青岛市内开通了四个专线，可以直达机场。

火车

青岛主要的火车站有青岛站、青岛北站和青岛西站。

市内交通

公交

青岛公交旅游专线每天4:30发车，22:30以后收车。到海边，我们可以随时搭乘旅游巴士，不过因为巴士上无人售票，所以要提前准备零钱。

出租车

青岛出租车普通车型计费标准为3千米内起步价9元，超过3千米按每千米1.4元计价。

住在青岛

青岛山孚大酒店

地址　青岛市市南区香港中路96号
电话　0532-83993888
价格　394元起

酒店位于青岛市东部的黄金地段，这里有海天一色的疗养胜地，四通八达的现代化商务区，正宗美味的胶东菜，是来青岛旅游理想的酒店之一。

青岛途家斯维登度假公寓（邮轮母港店）

地址　青岛市市北区新疆路8号中联自由港湾
电话　0532-67757077
价格　199元起

度假公寓就在火车站附近，交通便利，距离栈桥风景区非常近。居住环境优雅，价格相对实惠，很多客房打开窗户就能看到大海。

四季酒店公寓（青岛自由港湾店）

地址　青岛市市北区新疆路 8 号中联自由港湾
电话　0532-67757019
价格　388 元起

这里有着优越的居住环境、极佳的地理位置、经济实惠的价格，可步行去栈桥、劈柴院，距中山路仅 2 千米左右，去啤酒博物馆打车需 10 元左右。

玩在青岛

青岛海底世界

地址　青岛市市南区莱阳路 2 号
门票　80 元

青岛海底世界是一个如梦如幻、美丽无限的好去处，走进造型各异、设计独特的海底世界，看那些海底生物从身边游过，姿态优美，让人看得如痴如醉。

崂山风景区

地址　青岛市崂山区
门票　95 元

位于山东半岛南部、青岛市东南隅、黄海之滨的崂山，是山东省的“国家知识产权示范园区”。崂山区内地势以丘陵为主，林木茂密，松树成行，气候湿润。

购在青岛

崂山绿茶

店名　山云峰茶叶批发部
地址　青岛市市北区抚顺路蔬菜批发市场 2 楼 B 区 30 号
价格　约 160 元 / 千克

青岛特殊的地理环境，最适合绿茶的生长，这里的茶农有多年种植和制作成品绿茶的经验。

青岛高粱饴

店名　青岛果品批发市场
地址　青岛市即墨区大信镇福信路 88 号
价格　49 元 / 千克

青岛高粱饴是童年的味道，也是怀旧的味道。青岛高粱饴一向以“弹、韧、柔”兼备而著称，是人们逢年过节必备的糖果之一。

开启青岛美食之旅 >>>>>

海岛渔村（云霄路店）

地址　青岛市市南区云霄路40号

电话　0532-85973057

辣炒花蛤

青岛海鲜的美味

与好友在旅途中，一边欣赏美景，一边品尝美味，再一起回忆一下我们韶华里的美好故事，这将是多么幸福而又惬意的事情。

这次我们出行的目的地定在了青岛，在那里，我们既可以品尝新鲜的海鲜，又可以在海岸吹吹海风。作为一个美食爱好者，每次出门前，我都会搜索当地的特色小吃有哪些，哪家酒店的特色美食最正宗，计划好旅行时间，再预订好必到的餐厅、酒店，然后便背着简单的行囊出发了。出了火车站，正是华灯初上的时候，我们直奔海岛渔村而去，因为我们心里非常明白，到青岛，要品尝的第一个菜，一定是青岛最具代表性的特色小吃之一——辣炒花蛤。

辣炒花蛤是海岛渔村卖得最火的一道菜，在所有特色菜中，辣炒花蛤百度排名第一位。所以选择到他们家吃辣炒花蛤，定会让我们心满意足。

在做辣炒花蛤之前，让花蛤吐沙是关键，如果想加快其吐沙的速度，有一个小窍门，那就是往水里丢几个铁钉，花蛤吐沙的速度就会加快。从小就很喜欢花蛤这种小动物，它们身上有着美丽的花纹，并且颜色也各不相同，有的是白色的，有的是棕色的，有的是黑色的，在这半盆花蛤里都找不出有着一模一样颜色和花纹的花蛤。

辣炒花蛤的主要配料是干辣椒，辣炒花蛤越辣越好吃，越辣越能挑逗人们的味蕾。比起普通鲁菜，海鲜类的菜一般更喜欢用葱、姜和香菜，不仅能够提味，还可以去除海鲜的腥味。所以炒海鲜，要比普通菜多加 1/3 的葱和姜。再将四五个晒干的红辣椒，切成大约 1 厘米长的小段，根据个人口味，可以多放红辣椒，也可以少放一两个提味。

当问起服务生他们家的辣炒花蛤为什么会这么受食客们的青睐时，服务生帮我们解开了疑团，原来别的店的辣炒花蛤，为了节约时间，在炒花蛤的时候喜欢先在开水里焯一下，让花蛤把口张开，不过这样虽然节约了时间，却损失了花蛤原有的味道与营养。服务生还告诉我，他们家做辣炒花蛤时，并不往锅里放水，因为花蛤自身的水就足够了，并且花蛤自身的水是带着它原有的滋味的。待炒到花蛤微微张口，我们就可以盖上锅盖焖一会儿再炒，反复几次后，花蛤的嘴便全部张开，一粒粒如珍珠一般的花蛤肉便完全展现在食客们的眼前。出锅时，再撒上一点香菜，一道美味的珍馐就完成了。

比起普通菜式，海鲜的价位普遍较高，而花蛤不仅价格适中，而且味道非常鲜美，所以在海鲜食品中算经济实惠的了，若是做好了，也绝不次于其他海鲜大菜。

看着眼前这一盘香喷喷的辣炒花蛤，原来紧闭的壳现在都张开了，露出白白嫩嫩的肉，我尝了一个，又辣又鲜，非常好吃。在这炎炎夏日，吃着美味的辣炒花蛤，再来一杯冰镇啤酒，闷热的感觉便瞬间被驱散了。

渔码头海鲜舫（云霄路店）

地址 青岛市市南区云霄路24号

电话 0532-85779999

椒盐虾虎

悠远绵长的味道

根据计划，我们直奔青岛的第二站——渔码头海鲜舫，因为知道这里有美味的椒盐虾虎等待着我们。渔码头海鲜舫的装修非常有特色，既古朴又典雅，柔和的灯光打在大厅那些排列整齐的白色餐桌上，让人感觉如梦如幻，内心瞬间安静了下来，仿佛远离了外面的炎热与浮躁。

我们找了个靠墙角的位置才刚刚坐下，服务生便热情地迎了上来并递给我们一本菜单。我们没有接服务生给的菜单，而是直接对她说道："到你们店，就是来吃椒盐虾虎的，一份椒盐虾虎，再来一个菜心蜇皮和蟹黄汤就可以了。"服务生看我们对他们店的特色菜竟然这么熟悉，还以为我们是老顾客，便微笑着记下我们点的菜品离开了。

青岛作为海岛城市，以海产品为原料制作出来的美食数不胜数，椒盐虾虎就是其中之一。椒盐虾虎的主要食材就是虾虎，也就是我们平时说的皮皮虾。

椒盐虾虎是青岛的特色名吃，因其细嫩咸辣、肉质鲜美而深受青岛本地人和游客们的喜爱。吃虾虎就要吃活的，所以在做之前要将其放进蒸笼里蒸一下，既可以防止活虾虎乱跳、扎破手指，同时又可以锁住它身体里的营养。

制作椒盐是一个幸福的过程，抓一把花椒放进锅里，开小火，等着炉火把锅烧热，花椒在锅里便会发出噼里啪啦的声音，香气也四溢开来。把精盐用小火焙干，然后把花椒和精盐放到一起用料理机打碎，椒盐就做好了。

此时虾虎也可以出蒸笼了，把出锅的虾虎掐头去尾，剪掉它们的爪子，然后轻轻搅动虾虎的身体，撒上一层均匀的干面粉。别小看这一层薄薄的干面粉，在下锅炸的时候，既可以锁住营养，又可以让虾虎出锅时更好看。先在锅里倒入花生油，大约八成热的时候，把虾虎倒进油里，炸成金黄色后出锅并装盘。然后把提前切好的青红辣椒、圆葱粒和椒盐放进底油里翻炒，香味扑鼻而来，再将炒好的配料淋到已经装盘的虾虎上，一道香气四溢、外皮酥脆、白里透红、美味可口的椒盐虾虎就做好了。

刚出锅的虾虎被炸得外焦里嫩，鲜亮的虾肉透着白瓷一般的光泽，咬一口，椒盐味与虾肉的鲜味融合在一起，清新鲜滑、美妙无比。呼吸着含有大海味道的空气，吃着来自大海深处的美食，喝着青岛啤酒，这趟旅行注定是我有生以来最美的享受。

甜糖湾（大尧三路店）

地址　青岛市市南区大尧三路1号乙

电话　0532-85735597

笔管鱼豆腐

青岛人的家常菜

在来青岛之前，同事便极力向我推荐青岛的特色菜品“笔管鱼豆腐”。我不禁对这道菜充满好奇，这笔管鱼豆腐到底会有多好吃，竟然如此让同事念念不忘。原来，笔管鱼并不是传统的鲁菜，它是近几年才盛行起来的一道家常菜肴，是在海边经常能够吃到的一道海鲜，它的做法有很多，如笔管鱼豆腐、红烧笔管鱼、韭菜炒笔管鱼、酱爆或凉拌笔管鱼，总之笔管鱼味道非常鲜美，无论选择哪种做法都很好吃。因为之前有同事的推荐，所以我们这趟青岛之行，一定要去品尝一下这味道鲜美的笔管鱼豆腐。

笔管鱼豆腐是标准的青岛菜，由于笔管鱼逃生速度特别快，青岛人又称它为海兔子。它虽然名叫笔管鱼，却并非鱼类，而是一种软体动物。笔管鱼的体型比鱿鱼还要小，但在浅海中，它却是凶猛的肉食动物，以小鱼、小虾为食。青岛的笔管鱼形状要比其他地方的特殊一些，上圆下尖，像一个笔管，所以青岛人还送它一个美称——笔管蛸。

笔管鱼豆腐的主料是笔管鱼和豆腐，笔管鱼和豆腐大概是 2∶3 的比例。在营养学上，专家们总是把相得益彰的食物搭配到一起做营养餐，这样不仅可以增加人体的吸收能力，还有益于健康。

笔管鱼的蛋白质含量高达 32%，并且还富含维生素 A、维生素 D 等，赵学敏在他的《本草纲目拾遗》中说笔管鱼能治赤痢、风痰。而豆腐能宽中益气、调和脾胃、消除胀满、清热散血。

笔管鱼是枪乌贼科，所以清洗笔管鱼是一个技术活儿，如果我们不小心弄破了它内脏里那个黑色的墨袋，整个笔管鱼就不能吃了。做这道菜时，还要把白嫩如玉的豆腐过刀，切成约 2 厘米见方的豆腐块，把葱洗干净，姜洗净去皮。这里要说明一下姜去皮的原因，从姜的功效来说，姜去皮则热，不去皮则凉，海鲜类产品属于凉性的，所以要用去皮的姜以达到中和的效果。

有了同事的推荐，我们第三站就来到了青岛的“甜糖湾”，这是一家老店。据说这家店的笔管鱼豆腐特别地道。不一会儿，我们点的这道菜就上桌了。笔管鱼透着嫩嫩的透明的紫，豆腐白嫩，白菜叶翠绿，用筷子夹起笔管鱼放进口中，吃起来感觉鱼肚子里有厚厚的鱼子，子满膏肥，口感肥嫩鲜美。与好友一起品尝着美味，望着彼此灿烂的笑容，让我对人生有了进一步的感悟，吃好、喝好、玩好，遇到不愉快的事情一起去解决，这就是朋友间的情谊。

小林媛烤肉味火烧

地址 青岛市市南区江苏路49号乙

电话 18653235735

小林媛烤肉味火烧

精雕细琢的早餐时光

听说如果不排上半个多小时的队，是很难吃到小林媛烤肉味火烧的。这么有吸引力的美味，怎能不去品尝一下呢？望着行走在朝阳下的上班族，他们为了赶时间上班，喜欢坐在早餐店前，用一笼包子、一碗胡辣汤作为早餐。那些工作轻松、具有小资情调的人，则喜欢坐在中餐或者西餐厅内，点上自己最爱的那一口精品，细嚼着，如自己精致的生活一般，什么都不肯将就一下。而那些行走在青岛大街上的游人，则喜欢寻找具有地方特色的小吃，在大饱眼福的同时，更是不能委屈了自己的味蕾。

青岛之行的第一顿早餐，我选择“小林媛烤肉味火烧”。听说这家店要预约，否则你一定吃不到美味的火烧。

别看只是一个简单的烤肉味火烧，它的做法同样需要技术与耐心。先说烤肉，烤肉是我国独具特色的菜品，汉代的《汉代画像全集》就有对烤肉的记载。烤肉的配料多达30多种，其中有我们常用的花椒、小茴香、辣椒、大茴香等调料。把这些调料按比例放到一起，研成粉末备用。再把里脊肉切成薄片放入盘中，撒上调料，加入生抽、花生油、提前做好的卤汁、胡椒粉等抓匀，腌制半个小时入味。

在腌制的这段时间里，就可以开始和面了。制作烤肉火烧的面要用酵母菌来发，发面有利于人体消化和营养吸收。面和好后，等发面团比原来的面团大到约两倍的时候，面就发好了。

此时就可以正式做烤肉味火烧了。先把面揪成一个个小圆团，用擀面杖擀成面饼后，把烤肉包进去，然后再双手轻轻一合，一个烤肉味火烧的坯子就做成了。接着把火烧坯子放到电饼铛上迅速烙熟，这样能够锁住它的水分和营养。然后再用烤箱慢慢烤几分钟，会让火烧味道鲜美，表面酥松、内里鲜嫩。

我望着烤至香脆的面皮里那鲜滑美味的烤肉，禁不住咬一口，香脆可口、芳香四溢，淡淡的面香注入烤肉香，让美食在我们的味蕾上跳起了人间最优美的舞蹈。再来一碗用小米面、豆皮熬成的甜沫吧！如果不小心把火烧的油滴进粥里，那味道就更佳了。一碗用小米面熬制的甜沫，一个烤肉味火烧，一份丰盛且极富仪式感的早餐，让我们一天的生活有了一个美好的开端。

美达尔（中山路店）

地址 青岛市市南区中山路125号（近中山路派出所）

电话 0532-82809590

烤鱿鱼

透过美味看风景

凉凉的海风吹到身上，海水拍打着海岸，远处的灯光、海水与天际连到一起，让青岛这个美丽的城市成了人间天堂。青岛的夏夜是安静的、美丽的、凉爽的，在这样的夏夜，找一个地方，一边吃烤鱿鱼、喝扎啤，一边抬头望着墨蓝色的夜幕上挂着的星星，不禁让人觉得岁月静好。

夏天是青岛的旅游旺季，每当夜幕降临，满大街都会飘散着烤鱿鱼的香味，那香味钻入鼻孔，挑逗着人们的味蕾。在青岛的夜色下，随处都能看到烤鱿鱼的小店，尤其是中山路及沿海一带景点周围，烤鱿鱼的小摊点更是数不胜数。据有关人士统计，在旅游旺季人们一天可以吃掉4万多条鱿鱼，在青岛中山路上一家普通的鱿鱼烧烤店，一天就能卖掉600多条鱿鱼。

今天，我和美岩来到了位于中山路上的“美达尔”。在网上查青岛特色美食点评的时候，我们就知道美达尔的烤鱿鱼是出了名的好吃，在这家店所有特色菜的排名中，烤鱿鱼位列第一。

在青岛吃烤鱿鱼，从来不用担心鱿鱼的质量问题，因为每一条鱿鱼都是鲜活的。店家会提前把鲜活的鱿鱼处理干净，然后将鱼露、辣椒酱、蚝油、料酒、盐、白糖等调料撒到鱿鱼上拌匀，腌制一刻钟左右，就可以把鱿鱼穿成串直接放到铁板上烤了。

听着鱿鱼在滚烫的铁板上发出吱吱的声音，随着烟雾的流动，鱿鱼的香气与海风缠绕在一起四散开来，即便是已经吃过晚饭散步的人，闻到这样诱人的香味，也想停下脚步，买几串鱿鱼解解馋。不一会儿鱿鱼就烤熟了，师傅将辣椒酱、熟芝麻和孜然粉撒到已经烤熟的鱿鱼上，把拿在手中的铁扦上下左右一拍，一份烤鱿鱼就完成了。

因为烤鱿鱼味道鲜美、操作简单，再加上发达的交通，先进的贮存方法，现在烤鱿鱼也遍布内陆城市，在夜市、小吃聚集的地方，往往也能品尝到铁板鱿鱼的美味。

当一盘散发着无限美好味道的烤鱿鱼摆到我和美岩面前的时候，我们相视一笑，拿起那个长长的铁扦，把穿在铁扦最前面的那块鱿鱼含到了口中。浓郁的花椒香、辣椒香与鱿鱼肉的鲜香立刻就占据了所有的味蕾。

船歌鱼水饺（闽江路店）

地址　青岛市市南区闽江二路 57 号

电话　0532-80778001/80778002

海鲜水饺

属于青岛人的美味

“舒服不如倒着，好吃不如饺子。”水饺是北方人逢年过节必吃的美食之一，并已经形成习俗，春节吃水饺有儿女学业有成、步步高升的意思。冬至吃水饺也有无论天气多寒冷也不会被冻掉耳朵的传说。现在随着人们生活水平的提高，水饺已经成为人们餐桌上的家常面食。

平时我们吃的水饺，要么是肉馅，要么是素馅，却很少有海鲜馅的。而在青岛，最有名气的就是海鲜馅的水饺，青岛人为了让人们品尝到美味的海鲜水饺，可是下了不少功夫的。

在青岛，要论海鲜水饺的味道之鲜美，非“船歌鱼水饺”莫属了，这家餐厅主营各种馅料的海鲜水饺。刚刚坐下，服务生便把菜单递到我们手中，望着菜单上种类繁多的水饺，我真的很想把他们家各种海鲜馅的水饺都品尝一遍，可这么多种海鲜水饺，根本没办法一次吃完，只好将询问的目光投向服务生。

服务生便向我们推荐道：“黄花鱼水饺是我们店里的招牌，黄花鱼含有丰富的蛋白质、微量元素和维生素，具有通利五脏、健身美容的功效。”别的没有听进去，但健身美容几个字我们却是听得真切。于是，我们点了一斤黄花鱼水饺，听说他们家的海菜凉粉也不错，海菜凉粉是青岛十大特色小吃之一，所以我们又点了一个海菜凉粉外加一个海米油菜。

这里的海鲜水饺都是现包的手工水饺，健康又美味。做鱼肉馅的水饺，显然要比普通肉馅麻烦得多，做馅的鱼一定要肥一些，这样才能多剔出一些鱼肉来。为了让客人吃到放心的饺子馅，店家把新鲜的海鲜隔离在一个大大的恒温玻璃柜里，让进来的每个人都能看到自己吃的水饺馅是多么新鲜。

黄花鱼本就不大，整个清洗、制作鱼馅的过程复杂而又烦琐，每条鱼都要掐头去尾、剪去鱼鳍、剔除鱼刺。尤其是剔鱼刺的时候，黄花鱼鱼小刺多，必须用镊子一根一根拔出，鱼刺全都剔完，然后才可以剁鱼肉馅。等把鱼肉剁成肉泥状，就可以开始搅拌水饺馅了。鱼肉和猪肉的比例也非常重要，一般是6∶4。倒上一碗提前泡好的花椒水，加入葱、姜、老抽等调料后，反复搅拌，一直搅拌到勺子直立馅中而不倒，就算把馅搅拌好了。

煮水饺也是一个技术活，如果煮过了，水饺皮就可能破，水饺馅被水浸泡过就不好吃了；如果火候不到，水饺馅就会夹生。

水饺端上来，服务生还给我们上了一碟用醋和香油拌的蒜蓉。此时，我们的海菜凉粉和海米油菜也端了上来。还等什么呢，夹起一个水饺，在蒜蓉里蘸一蘸然后放入口中，鱼肉香与蒜蓉特有的香辣味立刻在口中蔓延开来。

一捞鲜海鲜面

地址　青岛市市南区东海一路2-1号

电话　13210853484

海鲜卤面

汁白香浓回味无限

海鲜卤面，是青岛十大特色小吃之一，更是胶东打卤面的一个缩影。大海里的特产，造就了青岛人独特的饮食文化，他们充分利用海产品制成各种各样的特色小吃，招待八方来客。海鲜卤面所用的卤，都是用扇贝、虾仁、蛤蜊、海肠等做成的，更让人奇怪的是，他们做出的卤汁汤鲜味浓，让人一点也感觉不到海鲜自身的腥味。

在青岛，比较正宗的海鲜卤面面馆，是坐落在青岛市市南区的“一捞鲜海鲜面”，这家面馆做的海鲜卤面是地地道道的青岛味。

这家海鲜面馆外表看上去很普通，里面装修却是优雅经典、简洁大方。他们家的蒜蓉蛤蜊卤面和海鲜卤面最出名，进到店里坐下，我和美岩便各点了一碗海鲜卤面，又点了一小碟凉拌海带根和一小碟海螺片。

制作卤的主要食材是面粉、虾仁、蛤蜊、海肠、黑木耳等，外加一些调味品。擀面条的面比饺子面要硬得多，面越硬，擀出来的面条就越筋道。和好面后不能直接擀，要醒一刻钟左右。要提前把木耳摘洗干净放进水里泡发，泡发后还需要反复淘洗，因为干菜都是比较难洗的。将五花肉切成肉丝后，在开水里焯一下，捞出备用，把已经泡发好的木耳也在热水里焯一下，这样吃起来更加润滑。虾仁、扇贝与海肠肉都是鲜的，这就是海岛城市的好处，一个早市就可以备齐一天所需的新鲜海产品。

吃海鲜卤面，最讲究的就是卤，几粒花蛤肉如圆润的珍珠一般静卧在花蛤壳里，再配上几只鲜艳红润的大虾、青青的油菜和细滑洁白的面条，颜色搭配得相得益彰，让人只望一眼就忍不住要流出口水了。用筷子夹起一个壳里浸满卤汁的花蛤，轻轻往嘴里一倒，汤汁滑入口中，花蛤肉也跟着滑了进来，细细咀嚼，那特有的海鲜香味立刻沁入心脾。

在这段旅行时光里，我们两人的晚餐，总是这样精致、美味，就如我们的幸福生活一般。

蓝港海鲜厨房（金水路店）

地址　青岛市李沧区金水路1577-9号（虎山体育场旁）

电话　0532-68079999

海鲜炖粥

唇齿生香的青岛味

一开始是“蓝港海鲜厨房”的名字吸引了我和美岩，也不知道为什么，看到这几个字，突然感觉非常亲切。虽然我们此行的计划里并没有这家餐厅，但因为这个名字，我们还是走了进来。没有想到，一进来我们就感到很惊喜，他们家竟然有我们计划中想要品尝的美食海鲜炖粥。

“薄粥滋味长，暖胃又清肠。”海鲜炖粥，同样是青岛人发明的胶东菜系里的一道菜，因其鲜、香、醇厚的味道而受到青岛人及外来游客的喜爱。海鲜炖粥的主要用料有糯米、粳米、小蚬子、鱿鱼和虾仁等。与所有知名饭店一样，他们在食材的使用上从来不弄虚作假，也从来不将就，用的海鲜都是当日早市上的活海鲜，海鲜炖粥里的海鲜分量很足。

看似简单的一份海鲜炖粥，其制作过程却漫长而又复杂，店家从早市买回小蚬子后，就把它浸泡在水中让其吐沙。然后将大虾剥去外壳，挑去那根黑色的虾线。鱿鱼不用身体上的肉，只用剥去皮的鱿鱼须，这也是一个技术活儿。

粳米与糯米的比例是1∶1，先泡一个小时左右，这样熬出来的粥才会松软而黏稠，还会有令人回味的香味。此时，锅里加入清水，把提前泡好的粳米与糯米下锅。在做海鲜炖粥的过程中，对于火候的掌握也非常重要，如果火大了，会容易煳锅，火小了，炖出的米吃起来味道不够纯正。所以，熬粥的时候一定要用中火熬到米开花才可以。米开花后，就可以下海鲜了，海鲜入锅后，要熬到小蚬子张开自己的壳儿，就证明海鲜炖粥的程序基本结束，最后在上面撒上葱花、姜末并关上炉火，海鲜炖粥就可以出锅了。

当服务生端来那碗海鲜炖粥时，随着热气的流动，鲜美的海鲜味道立刻扑面而来，乳白色的粥里，螃蟹肉油光明亮，鱿鱼肉湿润如玉，一只只身体洁白的海虾更是让人垂涎欲滴。

作为一个美食爱好者，此时，吃着来自大海深处的天然美食，真想以后留在青岛，做一个可以天天吃到新鲜海鲜、欣赏到大海风景的青岛人，这将是多么幸福而又快乐的事情。

淄博

舌尖荡开缕缕香

淄博，齐国的古都，鲁菜的发源地之一。这里不仅是《大染坊》《旱码头》《闯关东》等故事的发生地，更有周村烧饼、博山油粉、酥锅等美味在等待着我们。

行住玩购样样通 >>>>>

行在淄博

如何到达

飞机

淄博目前没有民用机场，市中心距离济南国际机场约 70 千米，可以就近选择在济南转车。

火车

淄博火车站位于淄博市张店区杏园西路 1 号。

汽车

淄博汽车总站与淄博东城客运站、淄博公铁联运站合并为淄博客运中心。

市内交通

公交

淄博公交车线路四通八达，遍布淄博城区及四周郊区，运营时间为 6:00—22:00。

出租车

淄博的出租车起步价为 3 千米内 7.5 元，超过 3 千米后每千米按 1.5 元计价。

住在淄博

淄博途家斯维登服务公寓（万象汇）

地址　淄博市张店区东一路与商场东路交叉口西 20 米路北 21F
电话　0533-6079166
价格　224 元起

公寓地理位置较好，驱车前往火车站、长途汽车站十分快捷，紧邻美食街，设施齐全，装修现代，房间干净。这里和商业中心一体，吃饭、购物非常方便。

淄博般阳山庄

地址　淄博市淄川区松龄东路 258 号
电话　0533-5267602
价格　294 元起

酒店位于一片园林之中，环境优雅，远离喧嚣，每个楼都是一栋独立的别墅，还有室内外免费游泳池和餐厅，性价比高。

玩在淄博

鲁山国家森林公园

地址　淄博市博山区池上镇沙沟
门票　36 元

鲁山国家森林公园总面积 42 平方千米，主峰观云峰海拔 1108.3 米，为鲁中最高峰。公园内山泉清澈、树木林立、花果飘香，置身其中，如在世外桃源。

淄博中国陶瓷馆

地址　淄博市张店区西四路 119 号
门票　凭身份证免费参观

淄博中国陶瓷馆是国家 AAAA 级旅游景点。走进淄博中国陶瓷馆，如同走进了一个五彩缤纷的瓷器世界，每一件展品都有自己的故事。

购在淄博

周村烧饼

店名　周村烧饼博物馆
地址　淄博市周村区丝市街 145 号
价格　约 40 元 / 千克

周村烧饼被列入国家级非物质文化遗产名录。薄薄的一张饼，让人们吃出了幸福和快乐的味道。只要走进周村，我们总能见到卖周村烧饼的。

博山琉璃

店名　山东金祥琉璃文化艺术有限公司
地址　淄博市博山区南边景路 97 号
电话　15315334555
价格　76 元起

在民间素有“珍珠玛瑙翠，琥珀琉璃街”的说法，琉璃之名贵可见一斑。博山的琉璃从唐朝时期便开始大批量生产，并被作为礼物赠送给友好邻邦。

马踏湖金丝鸭蛋

地址　淄博市桓台县起凤镇
价格　约 2.5 元 / 个

淄博马踏湖金丝鸭蛋久负盛名。鸭以湖中的蛤蜊为食，所产鸭蛋品质好，色香味独具特色。腌制后蒸熟，可见蛋清、蛋黄相交处有蛋黄油圈隔，似缕缕金丝交缠，蛋油香而不腻，金丝鸭蛋由此而得名。

开启淄博美食之旅

周村烧饼博物馆

地址　淄博市周村区丝市街145号

电话　13695331933

周村烧饼

中华老字号美味

为了寻找舌尖上的美味，我再一次背上简单的行囊，开始了齐鲁大地之旅的第三站，鲁菜的发源地之一、历史厚重、食材传统、味道鲜美的美食天堂淄博。刚进入长途汽车站，诗友小梦的电话便打了进来，说是已经在车站出口等我了。我的淄博之行她将全程陪同，我们一起在淄博赏人间风景，品人间美味。在所有来过淄博的游客中流传着这样一句话："如果你到淄博没有吃过周村烧饼，就等于没有来过淄博。"为了证明我来过，我们的第一站就来到淄博的古商业街，寻找美味的周村烧饼。

素有"一斤面粉半斤芝麻"之称的周村烧饼，形圆体薄，正面布满密密麻麻的芝麻，背面布满酥孔。它色泽金黄、薄如秋叶，以薄、香、酥、脆闻名，落地珠散玉碎、入口回味无穷，被授予"中华老字号"牌匾和证书，并被列入国家级非物质文化遗产名录。

周村烧饼源于汉代的"胡饼"，距今已经有1800多年的历史。据史料记载，明朝中期，周村商贾云集，多种小吃应时而生，用以烘烤胡饼的胡饼炉传入周村，之后当地饮食店户的师傅加以改进，创造出脍炙人口的大酥烧饼，此即当今周村烧饼的雏形。经过世代的变迁，形成了现在的周村烧饼。

繁华的古商业街，古色古香的建筑让我有了一种时光倒流、恍若隔世的感觉。望着那么多做周村烧饼的店铺，我一时有点眼花缭乱。我和小梦走走停停，看到“周村烧饼博物馆”几个字后，我们停下了脚步，一边闻着烧饼的香味，一边看师傅做烧饼。

周村烧饼的主要食材是面粉和芝麻，调料有五香粉、白糖、奶油等。首先是和面，面和好后发酵。将发酵好的面分成几个面团，然后根据顾客的口味不同，分别把五香粉、白糖等调料加进不同的面团里分开来制作。

因为周村烧饼生意火爆，每一个师傅平均每天制饼上千个，所以他们做烧饼是从来不用擀面杖的，而是把揪好的面团蘸上水后，在一个铁板上轻轻一转，一个薄如蝉翼、圆圆的面片就被拈起来放进了大大的烤炉里。从揪面团到烧饼做成，师傅只用了五六秒的时间，让人看得眼花缭乱、目瞪口呆。所谓“三分案子七分火”就是制饼师傅们多年经验的总结。

吃周村烧饼也是有讲究的，因为这烧饼太过薄脆，吃的时候，一定要用手接着。轻轻咬上一口，随着脆脆的一声响，一股香香甜甜的味道立刻在舌尖蔓延开来。再看接着烧饼的手上，落了一层芝麻粒儿，轻轻往手心里一拢，把这些芝麻粒儿倒进口中，特有的熟芝麻的香味立刻充满口腔。

周村烧饼因为特别薄，再加上是烤制而成，所以保质期有半年之久，现在的周村烧饼已经走进了网络购物平台，还被包装成礼盒走进了超市和大型商场。愿这种人间美味恒久流传，在厚重的饮食文化里历久弥香。

知味斋大饭店

地址　淄博市周村区新建西路 268 号

电话　0533-8179999/8179777

周村卤汁羊肉

冬日暖阳下的幸福

过去除非是过年或者过节的时候，家里人才会买羊肉来煮汤喝，并且招待客人一定是要有羊肉汤的。眼巴巴地等客人走了，我们这些孩子想去吃羊肉、喝羊汤的时候，发现羊汤凉了，羊肉也所剩无几。现在生活好了，人们对饮食的要求也发生了翻天覆地的变化，由过去的有什么吃什么，变成了现在想吃什么吃什么。过去只有有钱人才吃得起的羊肉，现在也渐渐地走入寻常百姓家，成为饭桌上的一道美味。

淄博特色名吃“周村卤汁羊肉”距今已经有百年的历史。据传是清光绪初年，一个朝廷要员到淄博巡察，当地官员为了招待他，便请来周村一个世代制作羊肉的崔姓人家来为这个要员烹饪羊肉。为了做出美味，崔氏绞尽脑汁，当他正坐在厨房里望着羊肉和一堆调料发呆时，突然来了灵感。只见他用黄酒拌了这些做菜的调料后，制成卤汁，做成了一道卤汁羊肉呈了上去，结果那位官员吃后大加赞赏，从此卤汁羊肉以色泽鲜亮、无膻无腥、香味悠远绵长成为淄博的特色招牌美食。

我与小梦来到了位于新建西路的“知味斋大饭店”，想一品周村卤汁羊肉的美味。用心的餐厅老板不仅对美食有着独到的见解，而且还把餐厅装修得与众不同。在繁华的闹市中，有这样一家慢节奏而又充满复古风格的餐厅，让进来的食客们在匆匆行走的道路上可以停歇下来，慢慢享受自己的美食时光。

知味斋大饭店是淄博的一家老店，两个大红灯笼就挂在青砖红门的廊檐下，两只威武的石狮子分坐在大门左右，两扇红漆木门仿佛一道时光之门，门内复古，门外繁华。走进院落，便看见一座石头桥，桥下金鱼游动、水波荡漾，几朵饱满的莲蓬装点着深秋的丰收与喜悦。走进餐厅，灯光打在食客们身上，黄铜色的火锅里正冒着热气，香气弥漫在空气中，一下勾起了我们的食欲。

周村卤汁羊肉的制作方法与别的地方不同，在制作过程与火候的掌握上，周村人下了很大功夫。第一道工序是配制卤汁，这里所用的卤汁是用江米曲制作而成的，用这卤汁做出来的周村卤汁羊肉色泽鲜亮，香味悠远绵长。每当招待完当天的客人，知味斋大饭店的师傅就开始为第二天的卤汁羊肉做准备了，他会泡上一盆江米，经过特殊处理后，便形成了江米曲。因为这个特殊处理过程正是卤汁羊肉与众不同的秘方所在，所以外人是无法知晓如何处理的。

然后开始蒸煮羊肉，这个过程主要是为了去腥去膻，所以师傅还会在汤中加入黄酒、花椒、姜片等，在蒸煮的过程中，一定要让肉浸透卤汁的味道。调料包内一定要加上茴香、桂皮、甘草等中草药，这样制作出的卤汁羊肉香味会更加浓郁。轻轻咬上一口，羊肉里鲜美的汁水便流入口中，而羊肉不膻不腻、鲜美嫩滑，浓郁的香味如粘在舌尖之上一般，久久不肯散去。

老牌坊鲁菜名店

地址　淄博市张店区人民东路华润中心万象汇L529b

电话　0533-6076058

博山豆腐箱

让人念念不忘的美味

“盘、盘、盘脚盘；脚盘高，磨大刀；大刀快，切辣菜；辣菜辣，切苦瓜；苦瓜苦，切豆腐；豆腐脓，切棵葱”，唱着这熟悉的歌谣，一下就勾起了我们的食欲。

内心一直敬佩先辈们的智慧与丰富的想象力，他们利用所有能利用的食材，发明了一道道人间美味，然后在时代背景的变化下，一代代传承与创新。

博山豆腐箱，又叫山东豆腐箱、齐国豆腐箱，以其味道鲜美、营养价值丰富、做法精细、技法考究而成为淄博的特色名吃。据说，乾隆皇帝视察时路过淄博，当地官员便让厨师做了豆腐箱给乾隆皇帝吃。乾隆皇帝轻咬一口豆腐箱，豆腐特有的香与豆腐箱内那些馅料的香混合在一起，立刻在舌尖上蔓延开来。吃过后，乾隆皇帝对豆腐箱的味道大加赞赏，从此，豆腐箱成为淄博人宴席上一道不可缺少的菜品。

今天我与小梦在“老牌坊鲁菜名店”门前停住了脚步，想一品淄博十大名菜之一“博山豆腐箱”的味道。我们走进店里，望着店中枣红色木质结构的装修，灯光打在干净的落地玻璃窗上，立刻让人有了一种安静而又温馨的感觉。

我们进入大厅的侧门后，便找了一张桌子坐下，服务生拿着菜单微笑着走到我们身边。因为这次是专程为豆腐箱的美味而来，第一个菜品当然非豆腐箱莫属了，之后我们又点了两个小菜、一碗银耳汤。

切豆腐是个技术活儿，首先要把豆腐切成长约 5 厘米、宽约 2.5 厘米的豆腐块。然后将这些切好的豆腐块用花生油炸一下，一直炸到豆腐块泛出金黄色，就可以捞进盘子里备用了。

接着就是做馅了，豆腐箱有许多种馅料可以搭配，但人们常吃的是精猪肉、虾仁、冬笋和香菇馅的。这四样食材搭配在一起不仅营养均衡，并且色香味俱佳。把它们剁成馅并用调料调好后，炸好的豆腐也冷却得差不多了。用一把小刀把长方形豆腐块的一面轻轻划开，从一个方向连着划三面后，一个豆腐箱的盖子就做成功了。接下来把里面的豆腐掏出，这个过程也叫启箱盖。把箱盖轻轻揭开，再把调好的馅料结结实实地装进豆腐箱后，盖好箱盖，一块真正的豆腐箱坯就做成功了。很快师傅把一块块豆腐箱放在盘子里摆成塔形，然后放进笼内开始蒸。这道菜的汤汁也很关键，用木耳、青菜、春笋等食材熬汤，在豆腐箱出笼的时候，把红润的汤汁往豆腐箱上一淋，一道美味的豆腐箱就被服务生端到了食客们的面前。

其实吃豆腐箱也是非常讲究的，其中最大的特点就是“开箱取宝”。小心翼翼地掀开豆腐箱的盖，那些黄里透红的卤汁，一下就落进了豆腐箱的馅里，那特有的鲜香便扑鼻而来。然后把盘子里的卤汁用小勺浇到豆腐箱的馅上，就可以品尝这道人间美味了。

馋巴油天下第一粉

地址　淄博市淄川区通济街43号

电话　13964468731

博山油粉

舌尖上的美妙舞蹈

清晨的淄博被滚滚的车轮声和匆匆的脚步声唤醒，原本安静的一座城市，一下就热闹了起来，坐在早点铺前吃早点的人也越来越多。我们坐在了馋巴油天下第一粉铺子前，想在深秋美丽的清晨，一品淄博特色小吃油粉的美妙味道。

“粉”这个字让我想起了小时候，村子里只要有卖凉粉的，母亲就会买回家。如果天气比较冷，母亲便把凉粉用辣椒油炒一下给我吃，所以当听到油粉的时候，我还以为是用油炒的凉粉。

这家店不大，火烧炉子就支在店铺门口，只见老板正在火烧炉子前面的案板上忙活，把足够的馅放进饼里，然后把一张张火烧放在平底锅里烤，一张长条桌子就在靠近门口的墙角摆着，还有一个空空的放火烧的筐子，想必是因为火烧供不应求。

在那几张简单的桌子周围，坐满了吃早餐的人，一眼望过去，却并没有看到我想象中的油粉，只见每人一边吃着火烧，一边喝着一碗奶油色的稀粥。此时我才明白，原来油粉是博山的一种稀粥，它是粉房里做粉皮、粉条剩下的浆汁和自然发酵的小米糊加一些配菜煮制而成的。

博山油粉能成为淄博的特色小吃，自然和它与众不同的制作过程有关。制作博山油粉，第一步是做油粉汤，把发酵好的面放进清水里泡软，做出面水，再把面水发酵一天一夜，一盆色白如奶的油粉汤就做成了。第二步，一边轻轻用勺子搅拌油粉汤，一边倒进制作粉条的绿豆浆，再把黄豆、花生和切成细条的豆皮放进去，加入适量的盐，用中火慢慢煮，随着锅里的蒸汽渐渐冒出，一股带着酸味的香气便钻进了鼻孔。然后把提前切好的葱花、香菜末撒进油粉里，轻轻搅动一下，一锅香气扑鼻、酸咸可口的油粉就做成了。

“醲肥辛甘非真味，真味只是淡；神奇卓异非至人，至人只是常。”山珍海味吃多了会烦，大鱼大肉吃多了会腻，最后发现还是普通的家常便饭更合我们的胃口，一个平平常常的火烧、一碗清淡素雅的油粉，让我们的内心舒服而又温暖。

般阳生态园

地址 淄博市淄川区松龄东路278号

电话 0533-5088999

砸鱼汤

酸爽鲜香解酒汤

“鸡打头，鱼打尾”，是指淄博人在四四席上菜的顺序，作为鲁菜的发源地之一，淄博的鲁菜更是在不断地发展与创新，四四席就是淄博市博山区创新出来的一种坐席上菜方式，并形成风俗一代代传承下来。

淄博有“小泉城”之称，丰富的水源使得这里的鱼肥美丰硕，这些肥美的鱼成为四四席上必不可少的美味。鱼是四四席上最后一道菜，在酒桌上喝足了酒的客人们，最后自然希望能喝点酸酸的汤醒酒，于是有心的人就把客人吃剩下的鱼重新回锅。回锅的鱼要放到新烧的开水里煮，等锅里的水烧开，把鱼身上的调料去掉，只把鱼肉和鱼骨放进锅里煮。等出锅的时候，再加上老醋和胡椒粉，这样做出的鱼汤酸辣可口，鲜香美味，将客人的酒意瞬间驱走。后来博山人就给这种回锅烧鱼汤取了一个名字叫“砸鱼汤”，砸鱼汤从此便成为淄博特有的名吃。

我们决定，今天的午餐时光在般阳生态园度过。我们刚在餐馆找了一个靠窗的位置坐下，便有别桌快要吃完的客人对老板喊道：“老板，砸鱼汤。”

小梦望着我笑道："今天我们就以吃鱼为主吧，让你品尝一下我们淄博砸鱼汤的味道。"我们点了一份红烧鲤鱼、一份红烧大虾外加一碟青菜。小梦自带了上等的淄博特产美酒。红烧鲤鱼是最费时间的一道菜，当前两道菜上来的时候，我和小梦已经快把一斤酒都送进肚子里了。望着鲜香无比的鲤鱼，我们还是食欲大开，等快把鱼的半边吃完的时候，小梦用纯正的淄博话喊道："老板，砸个鱼汤。"很快服务生就走到我们的餐桌前，把那条吃了半边的鱼端进了厨房。

不一会儿，服务生就把一碗汤色红润还漂着葱花、香菜的砸鱼汤端了上来。我轻轻舀起一勺汤送进口中，那股酸辣的味道直沁心脾，连胃也舒服了很多。我和小梦三下五除二就把砸鱼汤喝光了。小梦望着我一笑，转身对着服务生喊道："再砸一碗，放两个鸡蛋。"原来这砸鱼汤最多可以砸三遍，真是让人大喜过望。

听着小梦浓浓的乡音，我的内心生出了许多感动，也从心底深深明白，很多人喝的不仅仅是鱼汤，而是那鱼汤里面蕴含的乡音、乡情，那种暖暖的、心灵相通的感觉，那种喊出"老板，砸个鱼汤"的快意。

博山特色酥锅

地址　淄博市淄川区秋泉路路口

电话　13884613151

酥锅

老街香味恒久长

每当想起酥锅，我就会想起小时候浓浓的年味儿，因为年味儿里有化不开的亲情。记忆中最深刻的是每年的大年初一，每到这一天，妈妈就会用家里的大铁锅做酥锅，酥锅里有白菜、藕、海带、排骨、冻豆腐、猪蹄、鸡、鱼、酥肉等食材，把它们分好类放进锅里炖，当锅盖开始冒白气的时候，扑鼻的香味也就随之飘散开来。

酥锅，最早起源于淄博一带，相传是清朝时期一个姓苏的女子发明的，最初命名为“苏锅”，后来由于其入口酥软、鲜嫩、爽滑，于是被人们用谐音称为“酥锅”，并成为齐鲁大地上人们最爱的特色名吃之一，是逢年过节必备的美食。

到淄博要想吃到最正宗的酥锅，非位于淄川区秋泉路路口的博山特色酥锅莫属，店面虽然不大，但店里干净整洁，给人一种宾至如归之感。

淄博酥锅之所以好吃，不仅因为它在做法上与普通酥锅不同，而且在食材与用料上更为讲究、精致，一般选用海带、藕、冻豆腐、白菜、鱼和带肉猪肘子骨等。

一道酥锅做下来耗时会很久，因为只有经过文火慢炖的酥锅，才能让营养完全释放。酥锅里边的海带要浸泡一天，这样海带才能完全舒展开，然后要反复清洗才能把附着在上面的沙粒完全洗掉，再把洗净的海带卷成不松不紧的卷儿，用线捆一下，不要捆得太紧，否则不好入味。调料汤直接决定着酥锅的味道，我们比较爱吃酸甜味的，所以在点酥锅的时候，便对服务生要求，让师傅在做调料汤的时候，多放点醋和糖。

酥锅的一般做法是，先在砂锅的最下面铺一层白菜，把调料汤浇上去，然后依次铺上藕、海带、冻豆腐、猪肘子等，每铺一层都要浇上调料汤，最后再铺上一层白菜，白菜宽大的叶子就会把所有菜都包裹起来。这一切做好后，师傅把炉火开到最大，很快锅内就冒出热气来，这时候需要把火关小，慢慢炖。炖好的酥锅得焖到快冷却时才可以食用，不要小看这一焖，它可以让锅里的食材都焖得香松酥软、入口即化。

夹起一块猪肘肉轻轻一咬，软糯入味；海带里灌满了美味的汤汁；豆腐软软的，也充满了咸香的汁水；藕白里透红、绵软丝滑；白菜经过长时间的炖制，变得软软的，更美味了。一道酥锅吃完，满嘴留香。

聚乐村
地址 淄博市博山区颜北路162号
电话 0533-4236666

干烧大虾

四四席上的美味

来淄博寻找美味，“聚乐村”是必须要去的，因为这个地方有着浓厚的饮食文化底蕴，是一个百年老店，号称“可以吃的博物馆”。

聚乐村是一个被时光精雕细琢的地方，走到店门口，只见“聚乐村”三个镀金大字在明媚的阳光下闪闪发光，整体装饰以枣红色为基调，透明的琉璃镶嵌在木头缝里，会让人忘记岁月曾经是怎样从它身边走过的，它只是淡然从容地面对着一切，让美味在岁月的长河里飘香。

四四席是淄博市博山区的汉族传统饮食习俗，作为近百年来博山人宴请宾客的一种席面规制而经久不衰。四四席因有四个点心、四个冷盘、四个素菜、四个荤菜而得名。四四席用的是八仙桌，分主次可以坐八个人，宾客的座位两两相对、宾主得序。可以说四四席是博山地域文化在饮食方面的体现，是鲁菜饮食文化的缩影，四四席上从客人的座次到上菜的程序，更是继承和发扬了中国的传统文明与礼仪。

干烧大虾是四四席上的“大件”，因其肉鲜香软嫩、爽口不腻、营养丰富而成为淄博人最爱的特色美食之一。

干烧大虾的味道以鲜香为主，主要提味的是鲁菜中常用的高汤。“百鲜就在一口汤”，这是前辈们总结出的经验。古时的餐厅，如果一锅汤做不好，是不会开门营业的。在聚乐村，几乎每一道菜都需要高汤来提味，一勺好汤对鲁菜起着决定性的作用。

经过文火慢蒸，大火煎炒，一盘汤汁清澈、香味绵远的干烧大虾就端到了我们的眼前。轻轻用筷子夹起一只大虾，剥去鲜红的虾皮，将鲜嫩的虾肉放进勺子里，再舀起汤汁一起放入口中，清亮润滑的汤汁一下就滑入喉咙，虾肉软嫩可口，我的味蕾再一次享受到了美味。

聚乐村有假山环绕，小桥流水，望着秋日湛蓝的天空，云朵自由自在地流动。在这个可以吃的博物馆里，我好像看到了聚乐村的前辈们，为创新出一道精美的鲁菜而欣喜若狂，他们为了让这鲜美可口的菜品流传下来，把菜品的做法认真详细地记录下来，以供后人收藏和制作。

临沂

沂蒙山水田园味

“马逐芳春草路芊，胜游应说到沂川。”优越的地理位置让临沂这个美丽的城市吸尽大自然的精华，流传下来了独具特色的美食。

行住玩购样样通

行在临沂

如何到达

飞机

临沂机场，又名“沭埠岭国际机场”，位于临沂市河东区机场路 1 号。

火车

临沂火车站位于临沂市兰山区沂蒙路 223 号。

汽车

临沂主要的长途汽车站有临沂汽车总站、临沂汽车北站、临沂客运南站等。

市内交通

公交

临沂公交线路遍布整个市区及周边郊区，运营时间根据具体公交线路而有所不同。

出租车

临沂出租车白天的起步价为 3 千米内 7.5 元，夜间（晚上 10 点至次日凌晨 5 点），起步价为 3 千米内 8.5 元。

住在临沂

临沂荣华大酒店

地址　临沂市兰山区新华路 121 号
电话　0539-8329888
价格　183 元起

该酒店地理位置优越，交通便利，距火车站仅 5 分钟车程，距机场 15 分钟车程，距长途汽车站 20 分钟车程，步行到市中心商业区仅需 10 分钟。

临沂滨河大道和颐酒店

地址　临沂市兰山区育才路 6 号
电话　0539-7973333
价格　275 元起

这是一家智能酒店，地处新老城区交通枢纽。走出酒店便是园博园景区与滨河景区，风景秀丽，环境怡人。

玩在临沂

天宇自然博物馆

地址　临沂市平邑县莲花山路西段
门票　80 元

天宇自然博物馆是目前亚洲最大的自然博物馆（截至 2018 年 12 月），建筑面积为 2.8 万平方米，里面不仅存放着众多的生物化石，在矿物晶体厅内还有一颗世界最大的金刚石，价值 20 亿元人民币。

蒙山龟蒙旅游风景区

地址　临沂市平邑县柏林镇万寿宫林场
门票　70 元

蒙山绵亘 100 余千米，总面积 1125 平方千米，素有天然氧吧之美称，山内溪水长流，绿树成荫。蒙山的主峰龟蒙，是山东省第二高峰。

购在临沂

八宝豆豉

店名　惟一斋八宝豆豉沂蒙特产批发商场
地址　临沂市兰山区沂蒙路 72 号
价格　8 元起

八宝豆豉由大黑豆、茄子、鲜姜、杏仁、鲜花椒、紫苏叶、香油和白酒 8 种原料酿制而成，故名“八宝豆豉”，味道醇厚清香。

临沂大煎饼

店名　煎饼卷大葱（钟山路店）
地址　临沂市河东区钟山路与政通路交叉口南 70 米路东
价格　约 9 元 / 千克

临沂大煎饼分为麦子煎饼、玉米煎饼、小米煎饼、高粱煎饼、地瓜煎饼等，营养丰富，香酥松软，便于存放和携带。

板栗

店名　板栗批发市场
地址　临沂市郯城县团结路 27 号
价格　约 8 元 / 千克

板栗是临沂特色果品之一，以个大、色泽明亮、品质好而备受人们青睐。

开启临沂美食之旅 >>>>>

陶家大院

地址 临沂市平邑县石都大道东首

电话 0539-4330771

秘制熏猪蹄

陶家大院飘肉香

平邑县这个山清水秀的小县城，是我的第二故乡，我更愿意把这里的美食分享给每一位游客。

平邑龟蒙景区是国家 AAAAA 级景区，有亚洲最大的自然博物馆“天宇自然博物馆”（截至 2018 年 12 月），此外，曾子山、九间棚更是备受游客们青睐的地方。有风景的地方自然就会有美食相伴，既欣赏了风景，又品尝了美食，我们的旅行才算圆满。您如果想要吃到传统鲁菜中的特色名吃——秘制熏猪蹄，那就跟着我的脚步，到陶家大院走一趟吧。

陶家大院坐落在平邑县石都大道东首路北，店内装修古朴、典雅、精致，主基调以传统的枣红色为主，辅以青枝、绿叶搭配其间，这样的装修风格十分养眼，给客人留下了深刻的第一印象，只望一眼，就能让人瞬间忘记劳累。

在陶家大院所有的特色菜中，秘制熏猪蹄最有名气，每一位走进店里的顾客都会点一份秘制熏猪蹄。他们家的这道秘制熏猪蹄是当地有名的一道美味，入口只觉沁人心脾、芳香四溢，浓郁的香味在舌尖上久久不肯散去。

陶家大院的老板是一个对吃非常用心的人，他与饭店的师傅一起在传统秘制熏猪蹄的基础上进行了创新，形成了独一无二的味道，并逐渐被人们接受，成为临沂的特色名吃。陶家大院的秘制熏猪蹄采用了河北熏肉与山东鲁菜相结合而又有所创新的烹饪方法，为了保持他们店里独有的特色，陶家大院秘制熏猪蹄的秘方是不外传的。虽然与老板素有交情，每次去都可以进厨房里亲眼目睹师傅制作熏猪蹄的全过程，却也无法习得要领。但有一条我是肯定的，师傅在熏猪蹄的时候，火候的掌握非常到位，而且他们家的猪蹄不像别家那样直接煮熟了熏，而是腌制入味后才开始熏制的。

只见几片绿油油的生菜叶上摆着红得透着釉光的秘制熏猪蹄，轻轻俯身一闻，特有的肉香立刻就钻进了鼻孔之中，真的是红润光亮喜人眼，举箸便把美味尝。只觉味浓适口、肥而不腻，肉质更是鲜香无比，心情也变得舒爽而快活了。

美味就如昙花一般，是可遇而不可求的，正是因为它的珍贵与特殊，才会让我们在品尝之后记住它，并对它的味道念念不忘。

煎饼卷大葱（钟山路店）

地址　临沂市河东区钟山路与政通路交叉口南70米路东

电话　0539-7171588

沂蒙大煎饼

到我家来吃煎饼吧

之所以爱上临沂，爱上这里的一山一水，并在这里安家，是因为临沂人的朴实与善良真正地打动了我的心。

记得有一次途经坐落在半山腰的山村超市，看到超市门前有几个村民正在吃午饭。他们一手端着大海碗，一手拿着筷子和厚厚的大煎饼，看我站在路边，便主动跟我打招呼："你吃饭了吗？要是没吃，到我们家吃点煎饼再赶路吧？"虽是萍水相逢，可沂蒙老区的人就是这样，纯朴而善良。

煎饼是临沂人的家常主食。传说诸葛亮被曹军困在了沂河附近，由于连日奔波，做饭的锅都丢了，士兵们饿得前胸贴后背，力气全无。此时一个手里提着铜锣的士兵，因为太过劳累，站着打了一个盹，手里的铜锣当啷一声掉到了地上，这让诸葛亮心生一计。他让人把面和成糊状，在铜锣上烙成一个又一个的面饼，并在上面抹上酱里面卷上葱，让士兵们渡过了这次难关，突破了曹军的重围。从此，煎饼便成了临沂一带的特色名吃。无论在菜市场还是超市都可以见到煎饼，在这里只要有餐饮的地方，就一定会有煎饼。

纯手工的面煎饼与小米煎饼是人们最爱吃的两种味道。做煎饼的方法看似简单，但如果不是长期操作，是很难摊成功的，这是一个技术活儿，也是一个巧活儿，摊煎饼的时候，力气用大了不行，用小了也不行。

面煎饼的主要原料是面粉，摊煎饼的面粉要搅拌成面糊状，面糊不能太稠，否则放到鏊子上摊不开，也不能太稀，否则会无法固定。摊煎饼时所用的工具叫鏊子，用来摊面糊的一个光滑的竹片加一个长把儿的工具叫篦子。把搅拌好的面糊倒到鏊子上后，要不紧不慢匀速地用篦子推着面糊转圆圈，等一个大圆圈从外围合到中间成为一个大圆饼后，一张煎饼就烙成功了。煎饼从鏊子上揭下来的时候，会很柔软，要趁热把煎饼叠起来，否则等它干了变脆，就不容易折叠了。

如果来临沂的游客想吃正宗的煎饼卷大葱，建议到位于钟山路与政通路交叉口的“煎饼卷大葱”。这里的煎饼卷大葱卷出了不一样的味道，也卷出了美食文化的风情。

此时，我们正在煎饼卷大葱的铺子中吃纯手工的煎饼。把折叠好的煎饼抹上豆瓣酱，中间夹上青菜和大葱，轻轻卷起，放进嘴里一咬，那最原始的粮食香味与大葱的辣味、豆瓣酱的咸香味融为一体，直沁心脾。品着这样的美味，才真正明白为什么沂蒙人天天吃煎饼也吃不够了。

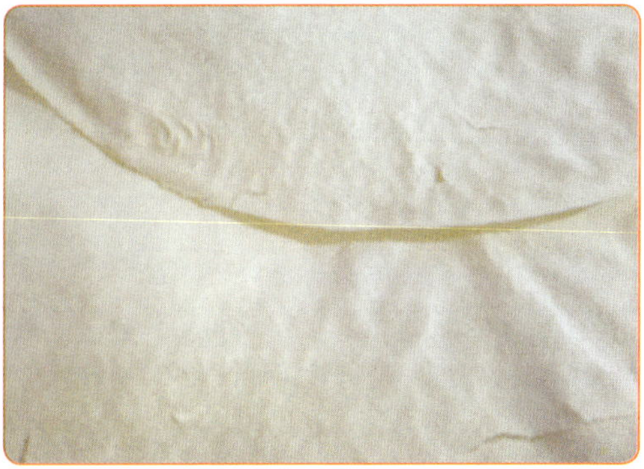

十八堂糁

地址　临沂市兰山区育才路与青扬路交会往西50米路南

电话　0539-5678948

临沂糁

味道美妙有营养

在临沂，无论是大小县城还是乡镇集市，只要任意走进一家糁馆，在这家糁馆最显眼的位置一定会有一张彩色宣传画在等待着你，宣传画上，会详细介绍临沂糁的由来、营养价值和美妙味道。

临沂糁，因香辣可口、肥而不腻，又有祛风除寒、开食健胃等功效被临沂人所喜爱，作为临沂传统特色名吃，临沂糁被列入了山东省第三批省级非物质文化遗产名录。清朝的《沂州志•秩》里所列的16种汤类食品里就有糁汤。汉代的刘向在《说苑•杂言》一书中曾这样形容糁的美味：“七日不食，藜羹不糁。”在《礼记•内则》也对糁的做法做了详细的介绍：“糁，取牛、羊之肉，三如一，小切之。与稻米二，肉一，合以为饵，煎之。”

如果您想品尝临沂糁，建议您到位于育才路与青扬路交会处的十八堂糁，他们家的糁是出了名的好喝。一大早，他家等待喝糁的人就排成了长队。

糁的主要用料是牛大骨、麦仁、牛肉，配料是黑胡椒粉、姜末、花椒粉等。别看一碗小小的糁汤，它的做法既费时又费力，深夜两点左右，在别人还在做着甜美的梦的时候，师傅早已为当天的生意开始忙碌了。

首先要把牛大骨放进锅里煮，然后把煮熟的牛肉剔出，牛骨头继续留在锅里熬煮，经过大概五六个小时的熬煮，牛骨头的香已经完全融入汤里，此时，可以把牛骨头捞出来，开始加料煮糁了。用铁锅熬煮糁，是最传统的做法，在已经充分浸泡的麦仁里加入姜末搅拌后，倒入巨大的铁锅里。然后开始和面糊。和面糊也是有讲究的，要用牛汤加上冷水来和，这样和出的面糊既没有小疙瘩，又入味。弄好这一切后，就可以正式煮糁汤了。糁汤的调味是非常关键的，但这些并不会难倒经验丰富的老师傅。

糁要盛出来时，先在碗里放入几片切好的牛肉片，把糁盛进碗里，再撒上一些绿油油的香菜叶，淋上几滴香油，一碗热气腾腾的糁就正式上桌了。

一碗糁、两根油条，再加上一碟小咸菜，低头吸一口糁汤，一天的热情就都激发出来了，就着小咸菜再咬上一口香酥的油条，让美味充盈着每天的早点时光。

徐老大菜煎饼

地址 临沂市兰山区临西五路与开阳路交会东路南

电话 15863885913

菜煎饼

飘荡在乡村里的馨香

第一次吃菜煎饼，还是有一次带女儿去临沂的儿童公园玩的时候。在公园大门两侧有许多卖特色小吃的摊点，其中不乏卖菜煎饼的，空气里飘荡着菜煎饼香，我和女儿实在无法抵挡菜煎饼的味道，于是便买了一个菜煎饼来解馋。

菜煎饼是由临沂大煎饼发展而成的，也是临沂大煎饼的延伸品。它一出现，便很快在临沂地区风靡起来，大街小巷、学校门前，总是不乏菜煎饼的身影。再次和女儿来到临沂的时候，我们来到了位于兰山区临西五路与开阳路交会东路南的"徐老大菜煎饼"这里品尝美味。

做菜煎饼是个技术活儿，得用文火才能烙出菜煎饼的香味，所以无烟的煤球炉子是最适合做菜煎饼的了。只见师傅像画圆圈一样把一勺面糊浇到鏊子上，接着用篦子推着面糊轻轻转一圈，一张洁白、薄如蝉翼的煎饼就烙成功了，然后把一张张烙好的煎饼摞起来备用。

煎饼里所卷的菜也十分丰富，有豆腐、韭菜、胡萝卜丝、土豆丝、粉条、香菜、鸡蛋、火腿肠等，调料主要是盐、花椒粉、花生油等。在鏊子上淋上花生油后，把土豆丝、粉条和胡萝卜丝放到鏊子上，这些菜沾过花生油，再与铁板接触，就会发出吱吱的声音，菜香与油香立刻飘荡在空气中。只见师傅两只手各拿一个小铲子在鏊子上翻炒，当菜快熟的时候，又把豆腐和韭菜加进去，再反复翻炒几下，卷煎饼的菜就炒好了。然后师傅把炒好的菜往鏊子边上一堆，把煎饼摊到鏊子上，再把炒熟的菜放进煎饼里，打一个鸡蛋进去，轻轻卷起，慢慢在鏊子上烤，很快煎饼的两边都有了如锅巴一样的颜色，这代表煎饼里的鸡蛋熟了。最后，师傅把金黄色的煎饼从中间切开，很快中间的菜馅就呈现在了我们的眼前，红白相间，香味四溢。

从师傅手里拿过煎饼，我和女儿又各要了一碗红枣养胃粥、一碟小咸菜。煎饼需要趁热吃，经过反复烤制，一张张白白的面煎饼已经被烤成金黄色，咬上一口，酥中带软，特有的麦香、鸡蛋的鲜香与各种蔬菜的香味混合在一起，美味立刻在舌尖上绽放开来。

“寻味水乡何所品，菜煎薄饼享人间。玉荷岂掩馨芳溢，酥面常得饱饫酣。巷里深深食客聚，席间攘攘贵宾餐。谁人最爱佳肴美，梦里闻香醉鲁南。”出门迎着秋风，望着街上匆匆的行人，突然发现，原来要获得内心的满足是如此简单。

灶丰年间

地址　临沂市沂水县西城三路与鲁洲路交会西20米路南

电话　0539-2630666

沂水塌包子

乡村野风里的美味时光

塌食，是流行于沂蒙山区的特色小吃。把包子或者煎饼放在铁板、平底锅或者烙煎饼的鏊子上慢慢加热，让包子或煎饼里所包裹菜馅的水分收干、使之变熟，这样塌出来的煎饼或包子外皮香脆酥软、内里的菜馅鲜香无比。在临沂的塌食中，以沂水塌包子最为有名，排在临沂塌食的第一位。

相传民国年间，抗日英雄范筑先在沂水任县长时，非常喜欢去乡间微服私访。一天中午范筑先因为帮一对邻里处理纠纷，结果耽误了回县城的时间，已过了中午时分，他不禁感觉又饿又渴。那对和好的邻家便主动留范县长在家里吃饭，可家里并没有美味佳肴招待客人，于是他们从菜地里割来韭菜，和好面后，用韭菜鸡蛋做馅，为范县长烙了塌包子。结果范县长竟一连吃了十余个，对这样的乡间美味连连称赞。

在沂水，我常去“灶丰年间”吃塌包子，这家老店经营多年，以做塌包子为主，价格便宜，味道纯正。

塌包子的主要食材是面粉、韭菜、倭瓜、胡萝卜、豆腐、野菜等，根据个人口味，喜欢什么馅，就用什么馅。和面的软硬度与包水饺的面相似，面揉好后先把面揪成一个个小面团分别擀，面皮擀成巴掌大即可。放馅也是有技巧的，要把馅放在面皮的半边，摊匀，然后将面皮对折成半圆形，拿一只碗沿着半圆面皮的外缘均匀切割一圈，一个形似豆荚的包子就做好了。

然后，就开始塌包子了。在塌的过程中，要来回翻一下包子，好让包子的两面受热均匀，当看到包子皮渐渐变成嫩黄色，肚子渐渐鼓起，油从边隙处微微渗到铁板上吱吱作响的时候，香味扑鼻而来，黄灿灿的塌包子就做成了。

塌包子适合趁热吃，咬上一口，只觉得外脆内软、味美可口、菜香四溢。此时，内心有了许多感触，或许这沂水塌包子，就是沂水人对待生活的一种态度吧！吃着最普通的美味，平安而幸福地过着平淡的小日子。

光棍鸡店

地址 临沂市蒙阴县汽车站沿205国道西行3千米处路南

电话 0539-4837009

光棍鸡

异香扑鼻滋味足

第一次听到“光棍鸡”三个字，我的心里就充满了好奇：为什么会叫光棍鸡？到底是怎样的美味呢？为了一品光棍鸡的美味，我驱车百里来到光棍鸡店。这家店生意很火，许多顾客连坐的地方都没有，只能在店外的空地上等待，我也不例外。这里的光棍鸡之所以做得慢，是因为他们家的鸡是现杀现做，这些鸡都是店家走乡串户，从农户手中买来的散养的土公鸡，然后放进笼子里。顾客从鸡笼子里选中哪只鸡，店家就把哪只鸡过秤称重，然后再开始制作。

为了一探“光棍鸡”这个名字的由来，我专门询问了这里的服务员，这才知道，光棍鸡是他们店里的老板灵感突发想出的名字。当初店老板刚刚开店的时候，并没有给自己独创的炒鸡命名，但这炒鸡的美味让顾客喜爱至极、赞不绝口。当有人问他们家炒鸡叫什么名字的时候，老板略微思索了一下，想到餐厅的工作人员全是男士，便笑称：“我们家的炒鸡叫‘光棍鸡’。”结果光棍鸡的美名很快就传遍了沂蒙大地，慕名来吃光棍鸡的食客越来越多。店老板就将自己的创意注册了商标，把“光棍鸡”三个大字高高悬在了餐厅的门前。

光棍鸡所选用的鸡，是在荒山野岭散养长大的蒙山土公鸡，这些土公鸡平日里吃的都是松子，喝的是山泉水，单从原材料看，就知道光棍鸡的味道为何如此好了。制作光棍鸡也是很讲究的，要先把油烧到七八成热，放入花椒、大茴香、红辣椒和姜末炝锅，然后把剁成块的鸡倒入锅内大火反复翻炒，一直把鸡肉炒成金黄色，淋入料酒、老抽、糖等炒匀上色，放入调料，添汤开始炖。因为在炒的过程中，鸡肉已经达到七八成熟，所以大概炖一刻钟的时间就可以出锅了。

我是十一点半到的，一直等到下午两点才吃到光棍鸡。当我把一块鸡肉放入口中时，长久等待的委屈瞬间消失得无影无踪，能品尝到这样的美味，就是再等两个小时也值得。满满一瓷盆的鸡肉，汤浓肉香、汁宽味厚，更为重要的是料包里的药香经过蒸煮，散发出来的味道让人无法拒绝，不知道这料包是怎么制作的，只这浓郁的药香味，红润凝亮的鸡肉块，就足够诱惑人们的味蕾了。

我把一块块异香扑鼻的鸡肉放入口中，只觉得肉质松软鲜香，初食感觉咸味过浓，但接着麻辣的味道开始在舌尖上占上风，再仔细咀嚼，突然又感觉有丝丝甜味慢慢沁入心脾。这样的美味，只有您亲自品尝后才能体会得到。

菏泽

故乡风味诉衷情

有些味道，可以伴你一生，走得越远，这味道越是浓郁，有妈妈的味道，有家的味道。那些风景，成了繁华时光里最清晰的回忆，有时在心里，有时在梦里。

行住玩购样样通 >>>>>

行在菏泽

如何到达

飞机

菏泽牡丹机场正在建设中，可先搭乘飞机到邻近城市。

火车

菏泽火车站位于菏泽市牡丹区中华东路京九线与新石线的交会处。

汽车

菏泽长途汽车站不仅拥有普通客车，还配有豪华客车，可满足乘客的不同需求。

市内交通

公交

菏泽公交车站点遍布市区及周边郊区，交通便利。

出租车

菏泽出租车起步价为2千米内6.5元，超过2千米后每千米1.5元。

住在菏泽

菏泽牡丹大酒店

地址　菏泽市牡丹区中华路501号
电话　0530-5292818
价格　264元起

牡丹大酒店地处中华路与人民路交会处，交通非常便利。牡丹大酒店是一家以牡丹文化为主题的涉外旅游酒店，餐厅有鲁西南各种地方名小吃。

菏泽银座颐庭华美达酒店

地址　菏泽市牡丹区人民北路与长城路交会处往北300米
电话　0530-2078999
价格　399元起

银座颐庭华美达酒店设计感强，拥有各类豪华客房，还有特色酒吧、自助餐厅、中餐厅和超大会议室。

玩在菏泽

曹州牡丹园

地址　菏泽市牡丹区人民路 1000 号
门票　75 元

菏泽被称为牡丹之乡，是中国最大的牡丹种植、培育基地，素有“牡丹之都”之美称。曹州牡丹园是全国最大的牡丹园，不要错过。

仿山旅游区

地址　菏泽市定陶县城北 5 千米
门票　免费

仿山是综合型文化生态旅游区。每年农历的二月初仿山旅游区都会举行庙会，热闹非凡，有唱戏的、捏泥人的、玩杂耍的，形式多样，妙趣横生。

购在菏泽

牡丹花蕊茶

店名　菏泽茶叶批发市场
地址　菏泽市牡丹区鲁西南茶叶大市场 2 号 A10-11
价格　约 768 元 / 千克

菏泽是中国最大的牡丹种植基地，这里的牡丹花茶味道清香淡雅，并有美容养颜之功效。而牡丹花蕊茶又仅选取花蕾的黄金部分——花蕊，并且经过了采摘、分拈、低温干燥、脱敏等十余道工序，纯手工制作。

牡丹瓷

店名　永丰陶瓷批发城
地址　菏泽市曹县 S350
价格　约 19 元起

牡丹瓷以优质高岭土为原料，以甲天下的菏泽牡丹为原型，以白瓷烧制技艺为基础，全手工制作而成，被誉为“永不凋谢的牡丹花”。

开启菏泽美食之旅 >>>>>

泡面小食堂（舜师店）
地址 菏泽市牡丹区广福街曹州大观园北门
电话 0530-5317662

菏泽面泡

那些年我最爱的美味

每次只要想到“菏泽面泡”四个字，我就会满口生津，真想立刻飞回故乡，品尝一下家乡的这个特色小吃。

菏泽面泡，是菏泽特有的小吃，即便是与菏泽相毗邻的地区，也见不到这样的人间美味，这是因为菏泽的水土与众不同。菏泽的土地是黄河冲积而成的大平原，属于碱性地，每年深秋时节，地里的庄稼都收完后，那些赤裸的土地表层都会呈现出一种类似霜一般的白色物质，捏一点放到口中品尝，味道咸咸的。正因为菏泽特殊的碱性地，这里生产的小麦也与别的地区有所不同，只有菏泽小麦磨出的面粉，才可以炸出外酥内糯，并且内里会有一个个如藕孔一般气泡的特色美食。

记得小时候，每逢过端午节和六月六，爸爸总会在天亮之前亲自下厨为我们炸面泡吃，躺在床上睡眼蒙眬的我们，听着爸爸把炸面泡的面摔得啪啪作响，我们在梦里都要笑醒了，在那贫穷的日子里，面泡伴着我们成长，让我们的童年多了美好的回忆。

这次回菏泽老家，在妹妹家里小住了几日，妹妹知道我喜欢吃面泡，一早起来梳洗完后，便对我说："姐，我们去泡面小食堂吃面泡喝小米粥去。"

泡面小食堂里面装修简单、干净、素雅。他家炸面泡的面比炸油条的面更为绵软。在面粉中加入发酵粉，和成面糊后反复用筷子搅拌，再用双手反复摔打，直到面糊光洁明亮，面上不停冒出气泡来，才证明炸面泡的面和好了。炸面泡的锅一定要用平底锅，油量的多少是个技术活儿。油放多了，如果没过放进的面团，面泡就会起不来；油放少了，面泡得不到太多的油热，也会炸不好。

用筷子一夹，便把面团一个个丢进锅里。不一会儿，面团如进了风一般一下鼓了起来，等一个个圆圆的面泡变成如橘子一般橙黄油亮的时候，便被老板娘用筷子一个个夹了出来。

当外表焦黄、圆润饱满的面泡出锅后，用两个手指轻轻一捏就能捏合到一起，松开手指，面泡立刻又恢复了原状，竟松软如海绵一般。轻轻咬上一口，丝丝缕缕的香味便从细如海绵的孔里溢出，那四散开来的香气，似要从内心溢出来一般。

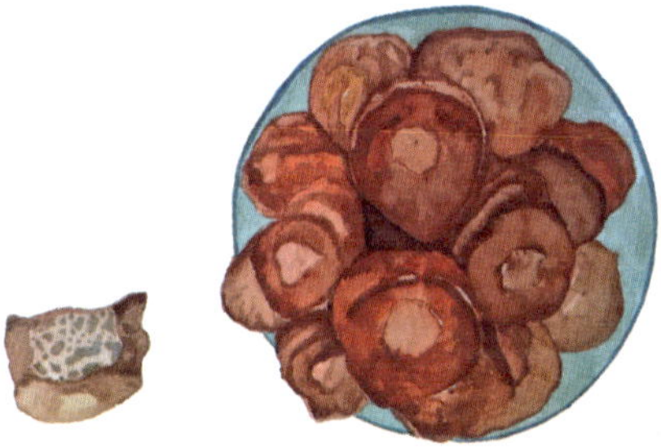

陶家吊炉烧饼

地址 菏泽市单县南城西关街西段路北

电话 18605440306

曹州烧饼

大街小巷的风味小吃

北方人以面食为主，烧饼的种类数不胜数，但若是论烧饼的做法和味道，菏泽的曹州烧饼绝对是上乘。曹州烧饼因其风味独特，曾获得地方风味特色小吃的金奖。

在菏泽的大街小巷，随处可以遇到卖曹州烧饼的小吃摊，但若要论做得最美味的，当数陶家吊炉烧饼。

曹州烧饼的摊点通常是露天的，吊炉旁边就是制作烧饼的案板，所以店家制作烧饼的过程，每一位顾客都看得到。

曹州烧饼与普通烧饼的不同之处在于它的制作过程，因为它需要用三个面团做成坯形。第一个面团揪得稍大做烧饼的底皮，第二个面团最小。只见做烧饼的陶师傅用他那粗大的擀面杖把第二个面团擀得薄如纸片，然后用一个小刷子轻轻往小茴香面、花椒等调料调制成的料汁里一蘸，刷子上就蘸满了料汁。轻轻刷一下第二张面皮的反正面，然后放到烧饼底皮的上面，再把比底皮稍微小一点的烧饼上皮擀好，盖到第二层面皮的上面。然后陶师傅娴熟地用手轻轻一拈，三张面皮便合到了一起。接着用刀轻轻地在烧饼的边缘划几下，一个如马蹄般大小的烧饼坯子就做成了。

最后，陶师傅在烧饼坯子的表面又刷了一层蜂蜜，轻轻用手背蘸了一下盛放芝麻的调料碗，再用手背往烧饼坯子的上皮上一蘸，烧饼坯子的上皮便粘满了芝麻。此时，烧饼坯子就可以入炉了。曹州烧饼所用的炉火是没有油烟的木炭，这样烤出来的烧饼既有普通人家用柴火烧成的饭菜香，又没有油烟味。当烧饼变成金黄色的时候，就可以出炉了。近几年来，陶师傅在传统饼馅的基础上又有了创新，不仅有五香味的烧饼，还有糖馅、肉馅烧饼，带给人们不同的味觉体验。

曹州烧饼因其风味独特、经济实惠，广受食客的喜爱，现在不仅在菏泽可以吃到曹州烧饼，全国各地都有曹州烧饼的身影。早上吃个热乎乎的曹州烧饼，再喝上一碗胡辣汤，会感觉美好的生活，莫过于有美味相伴了。

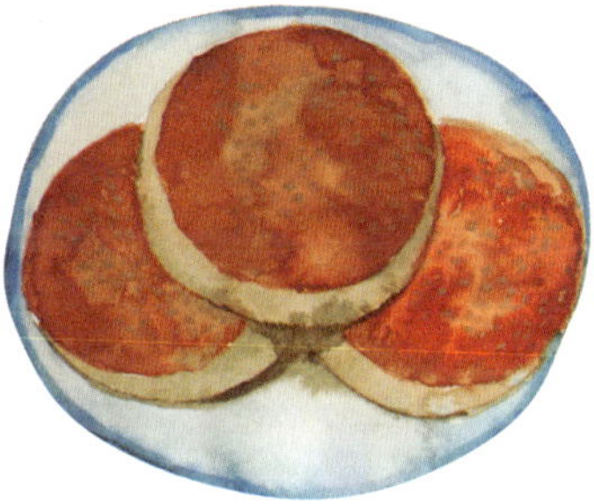

郜家娃娃鱼麻辣烫

地址 菏泽市牡丹区曹州西路与西安路交叉口向西 300 米路北

电话 13583006559

娃娃鱼

炎炎夏日里的一碗清凉

每到盛夏，我的味觉就像是中暑了一般，一下失去了对美味的兴趣。此时，心灵手巧的姐姐为了能唤醒我的食欲，便不顾在田地里一天的劳累，亲自下厨给我做娃娃鱼吃。

只见姐姐把面粉放到一个盆子里后，一边用筷子搅拌，一边往面粉里加水，直到把面搅拌成糊状，筷子能把面挑起来。当光滑的面糊上冒出一个个小气泡时，姐姐就开始一边往盆子里加水，一边用手反复揉搓面团。等面团变成面筋、面汤洁白如玉后，姐姐就开始往大铁锅里添水。等水烧开，只见姐姐拿起平时蒸饭时用的箅子，把面糊倒到箅子上，面糊如一条条线一般，从箅子中间那一个个小圆孔里漏进了锅里，一遇开水，那些漏进锅里的面糊便变成了一条条两头细、中间粗的娃娃鱼。一开锅，姐姐便用漏勺把这些娃娃鱼迅速从开水里捞出，然后在冷水里过一遍再捞出放入碗中，最后放入黄瓜丝或者青菜，用蒜泥、醋和盐搅拌均匀，一碗清凉可口的娃娃鱼就做成了。

娃娃鱼在菏泽又叫“焖疙瘩”，是菏泽最有特色的小吃之一，因其清爽鲜美、独具风味而深受菏泽人的喜爱，并成为菏泽人餐桌上常备的美味。现在随着人们生活水平的提高，娃娃鱼的吃法越来越多，并且也不再是单一的夏季清凉食品了。

菏泽市曹州路是菏泽的美食一条街，也是最繁华的街道之一。每到太阳落山的时候，这条街就会飘满各种美食的香味，有美食的地方，自然就有娃娃鱼。此时，位于曹州西路与西安路交叉口的郧家娃娃鱼麻辣烫店里生意兴隆，在这炎炎夏日里，他们专门推出了菏泽特色小吃娃娃鱼，娃娃鱼经过他们家的创新，味道更加鲜美、清香。

我最喜欢吃他们家的炒娃娃鱼，先把煮熟的娃娃鱼过冷水备用。然后将黄瓜、青红辣椒和干尖椒切丝，西红柿和蒜切块。在锅里放油，用干尖椒和蒜爆香，然后放入西红柿炒出特有的香味，再加入盐和酱油，接着把黄瓜、青红辣椒、娃娃鱼放入锅里翻炒至熟后出锅即可。可以根据个人口味不同，添加各种蔬菜。

娃娃鱼清淡爽口，它在炎炎夏日可以帮我们消除内心的浮躁。当你吃得过于油腻的时候，它可以淡化油腻。寒冷的冬天喝上一碗娃娃鱼热汤，让我们的胃既暖和又舒服。

秀水镇

地址 菏泽市牡丹区黄河东路2877号

电话 0530-3190666

菏泽大肉手擀面

热气腾腾的美味

俗话说“南方的米饭北方的面”，从这句话里，我们一下就能看得出南、北方人饮食文化的差异。北方人在日常生活中，经常会吃面条。

在山东十大面条排行榜中，菏泽大肉手擀面以其肉大肥厚、面条筋道、味香浓郁而榜上有名。据说菏泽大肉手擀面的出现，缘自一位父亲对女儿的爱。北宋时期，家居菏泽的一对父女相依为命，有一天女儿突然生病，滴水不进。父亲担心女儿营养跟不上，便把酱肉煮烂后放入面条里一点一点喂给女儿吃，结果女儿的病很快就好了。因为此面经济实惠、味道鲜美，很快便在民间流行起来，并成为菏泽特色名吃。

“秀水镇”是一家装饰古典而又雅致的餐厅，从外面看，青瓦白墙、吊脚小楼，入内则有小桥流水，圆形月亮门，仿木花格窗，巷陌小径，煞是好看。这家餐厅的老板为了证明自己的面是纯手工面，在厨房一角设置了一个专门用玻璃隔开的隔间，隔间里有一位师傅正在用醒好的面擀着面条。用醒过的面擀出来的面条富有弹性，并且非常筋道。

只见师傅在饭桌一般大小的面板上，把面甩得啪啪作响，大大的面团在擀面杖的指挥下，很快便变成了如同白纸一般轻薄的圆片。接着在薄薄的面片上撒上面粉，轻轻折叠成一个长条后开始切，不一会儿，一根根大小、长短、粗细均匀的面条便做好了。望着师傅汗流浃背的样子，我才知道擀面条真的是个力气活儿。

菏泽大肉手擀面所选用的大肉十分讲究，太瘦了不好，太肥了也不好，一般选的是七分瘦、三分肥的五花肉。酱五花肉也是一个技术活儿，因为手擀面用的五花肉块比我们平时的酱五花肉块要大许多，所以师傅在切肉的时候也要掌握技巧，一般都会把五花肉切成长约 10 厘米、厚约 3 厘米的块状。酱肉的调料主要是豆瓣酱、白糖和酱油。要一直煮至汤汁黏稠，基本没有水分了，锅内只有散发着酱香味的透着红光的大肉块。大肉手擀面的配料也非常多，有酱鸡蛋、酱豆腐卷、酱海带、酱豆皮等，你喜欢什么，就可以选什么配料。

吃手擀面配的下饭小菜是饭店自己腌的雪里蕻咸菜。每张餐桌上还有一小碟用香油、醋拌的蒜瓣辣椒泥。当热气腾腾的面端到我眼前的时候，酱肉那诱人的香味一股股地钻进我们的鼻孔之中。吃一口香喷喷的面条，润滑筋道，再就着大肉吃一口酸辣可口的蒜瓣辣椒泥，会让你觉得痛快淋漓，无比满足。

曹县米家正宗烧牛肉

地址　菏泽市开发区中山路烧烤园往西 50 米路北

电话　13336209246

曹县烧牛肉

让你难忘的味道

小时候记忆最深刻的，当数每逢春节爸爸和村里的亲戚、同事、邻居在一起喝酒时的场景，望着满满一桌好吃的，我肚里的馋虫总是蠢蠢欲动。每次我都会满怀期待地到他们的酒桌前站一站，然后便会有一个好心的叔叔从盘子里夹两块牛肉给我。那是怎样的美味啊，我舍不得一口就把这样的美味吞进肚子里，而是把那两小块牛肉用手扯成丝，一点一点地吃，一点一点地品味。

据传，清朝的时候一对米姓夫妇逃荒到曹县，他们在老家曾以卖牛肉为生。到了曹县后，为了生计，他们又操起了老本行。米姓夫妇烧制的牛肉味道醇正、鲜美，特别受当地人的喜欢。

经过几百年岁月的洗礼，曹县烧牛肉的工艺更为完美，成为具有独特风味的地方名吃。到曹县要想吃到正宗的烧牛肉，一定要去米家后人开的曹县米家正宗烧牛肉的铺子。

曹县烧牛肉所用的主要食材是鲁西南大黄牛，菏泽位于山东省西南部，因此菏泽大黄牛也叫“鲁西南大黄牛”，这种品种的牛与普通牛不同，体态丰硕，肉质鲜美，是我国名贵牛种之一。

烧牛肉是一道味道上等的佳肴，比其他鲁菜的做法简单一些。好的烧牛肉通常选用牛腩肉。先把牛腩肉洗净切块，放入沸水中汆烫一分钟，随即捞出冲洗干净，这样做出来的牛肉更加干净卫生，并能迅速锁住牛肉的营养成分。

然后锅里重新放水，在水中放入大料、花椒以及用刀拍开的姜块，等水烧开后放入牛肉，煮 10 分钟左右出锅。锅内倒入花生油，用花椒、大料、姜丝炝锅，然后倒入牛肉翻炒一下，再放入黄豆酱、葱，淋入料酒和酱油翻炒均匀，再放入几片山楂干。然后在锅里倒入开水将牛肉完全浸没，盖上锅盖，文火慢慢收汤，一直到汤汁变得浓郁、黏稠，熟牛肉的香味从锅里冒出的时候，一盘烧牛肉就做成了。在这里要说明一下，烧牛肉时为什么要加几片山楂干，因为牛肉不容易熟，加几片山楂干有利于牛肉煮烂，还会让牛肉吸收山楂的营养成分。

近几年来，曹县米家正宗烧牛肉已家喻户晓。米家生意兴隆，门庭若市，慕名前来买牛肉者络绎不绝。现在的曹县烧牛肉，已经由原来的单一经营，转变为多元化经营的模式，让美味的食品走出菏泽，走向四面八方。

名吃李家老味糟鱼

地址 菏泽市牡丹区高平路南头路东3号

电话 15153063769

菏泽糟鱼

浓浓的美味 浓浓的情

菏泽位于黄河下游，是黄河冲积而成的平原，黄河水自河南兰考县流入菏泽。一直到现在，家乡村后的那条人工河里，都流淌着黄河水。村里的乡亲让黄河水流满村里的小沟小塘，而菏泽糟鱼所选的鱼就是出自这些小沟小塘。

菏泽糟鱼肉质松软、骨烂如泥，是菏泽特有的一道传统美食，距今已有300多年的历史。相传最先发明这道菜的是菏泽的一个孝子。这个孝子的父亲非常爱吃鱼，可因为年龄太大，牙齿都掉光了，咀嚼的时候会非常费劲。这个孝子就改进了做鱼的方法，将海带和鱼一起炖给父亲吃，结果这样做出来的鱼酥软无骨、入口即化、鲜美无比，从此，菏泽糟鱼便成为地方名吃。

位于牡丹区高平路的名吃李家老味糟鱼，店家从祖辈就开始做烧鸡和糟鱼，已经形成自己独有的特色。为了一品正宗糟鱼的鲜味，我迫不及待地走进了这家店。

糟鱼的主要食材是白鲢鱼或者鲤鱼、海带和大骨头，做糟鱼的过程很漫长，海带要在前天晚上泡进水里，等完全泡开后，洗净上面的泥沙，切成如粽子叶一般大小的长条。将鱼刮鳞去内脏后洗净，腌制一个小时到两个小时，然后用线一条条穿起来，挂到朝阳的地方风干，风干后的鱼肉质紧实，味道会更鲜美。把风干后的鱼放进锅里过油，直到把鱼炸至金黄捞出。糟鱼的味道正宗不正宗主要看蒸煮的过程，蒸煮的时候，海带与糟鱼的摆放位置非常重要。最下面放大骨头，铺一层海带，把鱼放在海带上面，一层海带一层鱼，每一层都要加上姜、蒜、大料、小茴香、白芷、陈皮、肉蔻、干辣椒等二三十种调料，先大火烧开，然后小火蒸煮四个小时，之后还要再焖上一段时间，糟鱼才可以出锅。当一盘色泽诱人的糟鱼端上桌时，异香扑鼻，轻轻送入口中，肉汁四溢、酥软可口、入口即化。

菏泽糟鱼所用的鱼都是淡水鱼，海带也是大众菜，可以说菏泽糟鱼是菏泽人的家常菜。他们平日在家里把馒头掰开，把糟鱼往馒头里一夹，就开始大口大口地吃起来，别提多过瘾了。

泰安

泰山脚下话奇味

一边品尝泰安的美食，一边欣赏着泰山的美丽风景，在“人间有味是清欢”的岁月中，我听到幸福迈着细碎的脚步从我身边经过。

行住玩购样样通 >>>>>

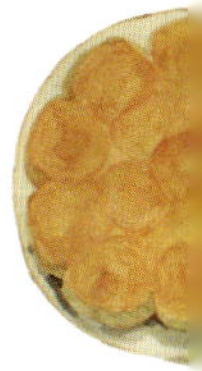

行在泰安

如何到达

飞机

泰安机场还在筹建之中，目前只能搭乘飞机到最近的济南机场。

火车

泰安有两个火车站，一个是泰安站，一个是泰山站。从泰山站出来，可以直接走泰山最经典的红门登山路线。

汽车

泰安汽车总站位于泰安市泰山区龙潭路 125 号，客运线覆盖全省各个地市和泰安各县市区。

市内交通

公交

泰安公交线路发达，交通比较便利，运营时间因线路不同而有所区别。

出租车

泰安出租车数量不多，上下班高峰及司机交接班时段，在市区拦车较难。

住在泰安

泰安丽景新天地酒店

地址　泰安市泰山区迎胜路北首 59 号
电话　0538-8079999
价格　224 元起

酒店背依泰山，距泰山景区入口仅 1 千米，距火车站 10 分钟车程，距京沪高铁站 15 分钟车程，距济南国际机场 1 小时车程。

泰安华泰大酒店

地址　泰安市泰山区擂鼓石大街 666 号
电话　0538-6225777
价格　203 元起

酒店位于泰山脚下，地理位置好，交通便利。客房干净，拥有豪华宴会套间、美食苑、康乐中心、KTV、洗浴中心、商务中心、多功能会议室等。

玩在泰安

泰山风景名胜区

地址　泰安市泰山区
门票　125 元

泰山至今保护较好的古建筑群有 22 处，总建筑面积达 14 万平方米左右。在古建筑群之间，还有 12 处石坊、6 座石桥、7 座石亭、1 座铜亭和 1 座铁塔。在泰山数千年的文明中，形成了独特的泰山风景。

泰安方特欢乐世界

地址　泰安市泰山区碧霞大街与明堂路交叉口东北角
门票　210 元

泰安方特欢乐世界为大型科幻主题乐园，由恐龙危机、飞越极限、神秘河谷、聊斋、维苏威火山、海螺湾、未来警察、生命之光等 17 个主题项目区组成。

泰山世界地质公园

地址　泰安市泰山区朝阳街 7 号岱庙景区内
门票　50 元

泰山世界地质公园位于岱庙景区内，主要景点有红门、中天门、南天门、桃花峪、莲花山、后石坞、徂徕山、陶山等。

购在泰安

泰山玉

店名　泰山景区特产店
地址　泰山风景区内
价格　约 168 元起

泰山玉质地细腻温润，有平安、长寿、祈福、转运、纳财、辟邪的美好寓意，来到泰山，不妨带些玉件回家留作纪念。

泰山石

店名　天平泰峰奇石销售中心
地址　泰安市泰山区泰安市中华奇石大市场
价格　约 38 元起

泰山石产于泰山山脉周边的溪流山谷，形成于 25 亿年前，由地壳变动、自然风化而形成。古人认为泰山为天下浩然正气之所在，泰山石自然也就寄托了人们镇邪厌殃的美好愿望。

开启泰安美食之旅 >>>>>

泰山茶苑

地址 泰安市泰山区大津口乡范家庄村村委会北行500米

电话 0538-6550477

泰山三美

素雅美味的特色小吃

泰山，位于山东省泰安市。而泰安城就建在泰山脚下，依山傍水，风景优美，再加上近几年建成的大型游乐场所“泰安方特欢乐世界”，泰安市每年都会迎来世界各地的大量游客。有风景的地方，定会有地方特色小吃在等待着游客们。

泰山三美，指的是用泰安的白菜、豆腐和水烹饪出来的一道特色菜，以其营养价值丰富、独具地方特色而成为泰安的特色名吃，深受当地人和游客们的喜爱。泰山三美是泰安人最常吃的一道家常菜，尤其到了冬天，泰安当地的大白菜丰收后，平常百姓家里定会储存大白菜，而饭桌上自然就少不了泰山三美。

过去泰安人储存大白菜是为了让家里人能有菜吃。但现在随着人们生活水平的提高，吃腻了大鱼大肉后，泰山三美作为一道清爽鲜美的佳肴，渐渐出现在酒店、餐厅的饭桌上。今天，我和朋友走进了泰山茶苑这家环境优美而又安静的餐厅，以品泰山三美的美味。

泰山三美所用的白菜又叫“城白菜”，是泰安当地人种植的黄芽或者青芽白菜，这种白菜在炖煮的时候易熟易烂，汤汁清香。白菜含有大量粗纤维，能够润肠道、促排毒，被专家们推荐为防癌食物。虽然现在人们的生活水平提高了，但大白菜仍然是北方人过冬时喜爱食用的菜品之一，正如这句谚语，“千菜万菜都吃遍，唯有白菜吃不够”。

泰山三美所用的豆腐，是精选当年产的优良黄豆，用小石磨推磨而制成的。这种用传统方法磨出的豆腐不仅可以保留大豆的营养，并且色白如玉，透着莹润的光泽，让人望一眼便能勾起食欲。泰安的水也比较特别，由于地理环境特殊，这里的水甘甜清澈、无杂质，并富含多种矿物质，用优质好水磨出的豆腐，口味当然格外好。

泰山茶苑的装修清新、典雅而又不失时尚，这里的碗筷都是私家定制的。当一碗热气腾腾并散发着淡淡清香的泰山三美端上来的时候，不禁让人垂涎欲滴。豆腐入口，细嫩如琼脂，白菜入口爽滑郁香。

品着这样的美味，会让食客浮躁的心变得沉静下来，时光就在安静中以美好的姿态从我们身边走过，而我们的身边从来不缺少美味相伴。

鲁菜根
地址 泰安市泰山区市政府西 1.5 千米路北 20 米
电话 18653816691

赤鳞鱼

精雕细琢的美味

第一次品尝到赤鳞鱼的美味是到朋友家里去做客的时候，朋友的妈妈做了丰盛的午餐来招待我。记得她端上来一盘散发着浓郁香味的金黄色的炸鱼，朋友用筷子夹起一条炸鱼放进我的小碟中，要我品尝。我轻轻咬一口，才发现鱼刺都被炸酥了，奇异的香味立刻让味蕾得到了满足。

我连忙问朋友，这是什么鱼，怎么会如此好吃。朋友笑答道："这是只有在山东泰安才有的赤鳞鱼，泰山脚下清澈的泉水哺育了这些小生灵，别看它们个头不大，但是被称为'泰山之宝'呢！"

原来，赤鳞鱼是泰山独有的品种，它以肉质细嫩、味美不腥、营养丰富而驰名。作为五岳之首的泰山，古时有许多帝王会来这里封禅、祭祀，而泰山赤鳞鱼就成了当地官员为皇帝做御膳的必备菜品。

关于赤鳞鱼的由来，还有一段非常美好的爱情传说。传说很久以前，泰安县县令的宝贝女儿生病了，食不下咽，县令便张贴告示，如若谁能把他女儿的病治好，就把女儿嫁给他。在泰山脚下住着一个姓吴的后生，这日，他从湖里打了一网赤鳞鱼到县城售卖，看许多人围着告示看，自己也便去凑热闹。结果一阵风吹来，那告示竟然被吹进了吴姓后生的怀里，官兵便把后生带到了府衙。吴姓后生情急之下就把自己捞来的赤鳞鱼用油炸了送给县令的女儿吃，结果县令的女儿吃后，病竟然慢慢地好了。县令便守诺把女儿嫁给了吴姓后生，并用赤鳞鱼招待前来考察的一些上级官员。久而久之，赤鳞鱼的美味就传遍了民间，成为泰安人特有的美食。县令退休后，还和自己的女儿、女婿一起开了家专做赤鳞鱼的店铺。

泰山赤鳞鱼作为泰安名吃，游客们自然要一品它的美味，那么建议您到距离泰山风景区不远的“鲁菜根”来品尝。赤鳞鱼的营养价值极高，吃法也很多。有干炸赤鳞鱼，清氽赤鳞鱼，还有泰安名菜“青龙赐福”（是由泰山赤鳞鱼和泰山嫩豆腐制作而成的）。

我与朋友专为吃赤鳞鱼而来，点了一个干炸赤鳞鱼。不一会儿工夫，独具特色的赤鳞鱼便被端到了餐桌上。刚炸出来的赤鳞鱼飘来阵阵清香，我们怎能抵挡得住这美味的诱惑，于是赶紧拿起筷子夹一块鱼肉送入口中，表皮酥软，鱼肉鲜嫩，非常美味。

正宗范镇驴油火烧

地址　泰安市泰山区万官路惠普家园东区内

电话　15553801810

驴油火烧

时光深处飘来的美味

当夕阳西下，华灯把整个泰安城点亮的时候，行走在泰山脚下的游客们，会不经意和各种泰安特色小吃邂逅。

当肚子开始唱空城计的时候，我和朋友走进了一家胡辣汤馆，想在这里打发我们的晚餐时光。进到店里后，发现许多喝胡辣汤的人手里都拿着一个用纸袋装着的烧饼吃得津津有味，看他们吃得如此香甜，我的肚子越发饿了。朋友一眼就看破我的心事，问道："想吃驴油火烧吗？反正胡辣汤还没有做好，买完火烧说不定我们的胡辣汤也端上来了。"

作为泰安人，朋友对这里的一切都很熟悉，她拉着我走出胡辣汤馆，指着对面向左的地方说："看到没有，正宗范镇驴油火烧，这些人吃的火烧都是从他们家买来的。"一边说，一边拉我穿过马路，来到了正宗范镇驴油火烧这家店。

这是一家不大的店铺，有一个炉子，上面盖着一个大大的铁板，只见师傅手拿面饼把面饼一个个往铁板上贴，等一面烤成金黄色的时候，师傅便用铲子翻过来烤另一面，等两面都变成金黄色的时候，一个香气扑鼻的驴油火烧就被师傅装进特别定制的袋子里，师傅收下朋友递过的钱，然后把火烧送到朋友的手中。

朋友把其中一个火烧递给我，说：“驴油火烧要趁热吃味道才更香，快吃吧。”我听话地咬了一口火烧，一股葱油香沁人心脾，我连连点头道：“好味道。”

朋友看我的确爱吃，便向我介绍起了驴油火烧，原来这驴油火烧是泰安的特色小吃，因其酥软香脆的特色深受泰安人和游客们的喜爱。2007—2010年，山东省旅游局授予泰安驴油火烧“山东省旅游休闲购物十佳品牌”及“旅游商品创新设计大赛优秀奖”，泰安驴油火烧被认定为“非物质文化遗产”，并作为特供指定产品成功入驻上海世博会。2010年10月15日至18日，作为“特邀非遗项目单位”，泰山驴油火烧参加了“首届中国非物质文化遗产博览会”，并取得了可喜的成绩。

当我们返回胡辣汤店的时候，服务生正好把我们要的胡辣汤端上桌，而我已经完全被驴油火烧的美味所吸引。把这个色泽金黄，上面布满黑芝麻的火烧捏在手中，才看出它的造型非常奇特。这样的形状，应该是用面片一层又一层卷起来的，越往里咬，越感觉香软无比。中间的面卷与表皮的面卷肯定是不同的，中间的面卷如此香软，大概是店家做了油酥放进去吧，一种特色美食，总是蕴含着商家的智慧和与众不同的创意。我们细细品尝美食的时候，何尝不是对饮食文化的一种敬重与崇拜呢？

遇到合口味的地方特色小吃，就好比他乡遇故知，让人感觉既幸福又快乐。第二天，当我和朋友攀登泰山的时候，不经意间看到有些游客手里拿着驴油火烧，一边爬山，一边用驴油火烧填饱肚子。原来，他们与我一样，爱旅行，爱美食，相信我们登到泰山顶峰的时候，一定会有一轮朝气蓬勃的太阳在等待着我们。

葛石煎包

地址　泰安市肥城市桃园街与市场路交叉口东130米

电话　13655380998

葛石煎包

舌尖上的美味

葛石煎包，因其独特的风味已经成为宁阳的一张名片。只要一说到葛石煎包，人们立刻会想到山清水秀的宁阳县，而一提到宁阳的美食，人们也会立刻想到葛石煎包。

朋友是宁阳人，一谈到自己家乡的美食葛石煎包，便滔滔不绝地讲了起来："每当葛石镇大枣成熟的季节，为了吃到正宗的葛石煎包，刘家那个小小的院落便会被食客们围得水泄不通，即便要等上一个小时，他们也心甘情愿。"

煎包是山东省的特色小吃，将发酵好的包子放到平底锅中，加上一些水和面糊以半煎半蒸的方法制成。

做煎包的主要食材是面粉。做煎包的馅有很多种，和水饺馅的制作方法差不多，有韭菜、鸡蛋加虾仁的三鲜馅，也有韭菜肉、芹菜肉、纯肉和白菜粉条、倭瓜豆腐等馅，可根据个人口味来选择。

做煎包的面皮是用经过发酵的面做成的，因为平均每天要卖四五千个煎包，所以师傅做煎包从来不用擀面杖擀皮，而是把面在手心里搓成圆团后用手在案板上一按就是一张煎包皮。然后把馅包进皮里，等包到一定数量的时候，在烧热的平底锅里均匀地抹上大豆油，把包子一个个放进平底锅里。接着抓上两大把面粉均匀地撒到包子上，再用水瓢舀一大瓢冷水浇到包子上面，包子上那些面粉一下就被水冲到了锅底。接着把锅盖盖上去，用大火煎蒸，不一会儿，白色的蒸汽就从锅盖上面冒了出来，这便是开锅了。掀开锅盖一看，锅里的水已经被蒸没了，接着用铁铲子把煎包一个个翻过来，淋上大豆油，再把锅盖盖上。大约一分钟后，再一次掀开锅盖，淋上香油，一锅色泽金黄、热气腾腾、香味四溢的煎包就做成了。咬上一口，透过金黄色酥软焦嫩的皮，一下就咬到了包子馅，葱油香、肉香与韭菜的鲜香扑鼻而来，直入心脾。

老牌坊

地址 泰安市泰山区望岳西路万达广场3楼310A

电话 0358-8780808

泰安豆腐宴

素斋宴中的极品

古代帝王把祭祀当成一项非常重要的活动，因此每次举行大型祭祀活动，都要斋戒三日，以表示对天地、神灵的尊敬。吃惯了山珍海味的皇帝和达官贵人们，自然吃不惯索然无味的素斋。所以这也给泰安的美食家出了一道难题，为了做出各种开胃美食，他们绞尽脑汁，创新出一道道可口的素食供帝王与官员们享用。这些菜既要味道好，又要有营养，泰安豆腐宴便在这样的背景下应运而生，成为王公贵族们喜爱的美味佳肴。我来到位于望岳西路万达广场的“老牌坊”，在服务生的推荐下，点了几道豆腐宴中的代表菜。

第一道菜是过桥豆腐，这道菜是一道传统名肴。它的主要食材是鸡蛋和内酯豆腐，看似简单的食材，但做出的味道却是别具一格，把高汤烧至八成热的时候，把准备好的鸡蛋清倒出，把蛋黄放进去，待蛋黄渐渐成型后，勾芡高汤盛入盘子里，然后把切好的豆腐放进盘子中央，撒上青红椒碎放入蒸笼中，大概蒸一刻钟后出笼。此时，摆在你眼前的这道美味，豆腐如小河里的白玉石桥，蛋黄如一枚枚鹅卵石，看起来色泽清雅、层次分明、美不胜收。

第二道菜是家常豆腐，这是一道再普通不过的家常菜，但如果真正做好，却是需要下一定功夫的，豆腐煎久了会苦涩，煎的时间短了会减少这道菜的美观。一盘真正合格的家常豆腐，看起来却是有点小华丽的，颜色搭配的更是恰到好处，煎的黄金焦香的豆腐，还有若隐若现的白色的蒜碎，红的辣椒末，绿的香菜碎，足够引起你的食欲。豆腐中吸满了红烧的汤汁，一块入口绝对让你齿颊留香。

最后一道菜是荷花豆腐，与一品豆腐和佛手豆腐采用的食材不同，荷花豆腐用的是发酵过的毛豆腐。豆腐发酵后，里面的植物蛋白转化成多种氨基酸，故经烹饪后味道更为鲜美。但掌握豆腐发酵的时间非常关键，如果时间长了，豆腐会变质不能食用；如果时间不够，毛豆腐发不好，做出的味道也会大打折扣。只见师傅把煎好的毛豆腐摆在盘子的边缘，中间放一朵用洋葱雕成的大荷花，荷花中炒鸡蛋与绿色的葱末如莲蓬一般，整道菜层次分明，美不胜收。

如今人们生活水平提高了，许多被古人视为珍馐的美味成了家常便饭。大鱼大肉若是吃得腻烦了，不如也来尝尝清淡却不寡淡的豆腐宴吧。

皇城根内府菜

地址　泰安市泰山区泰山大街566号泰安万达广场三楼

电话　0538-8068877/8068855

酱包瓜

风味特色小吃美名扬

从泰山岱庙归来后，突然想品尝一下古代皇帝们爱吃的美食了。

在朋友的引领下，我们来到了位于万达广场三楼的皇城根内府菜。灯光打在透明的落地玻璃窗上，让整个餐厅看上去既明亮又干净。找个位置坐下后，我们一招手服务生便走了过来，朋友没有看菜单，直接对服务生说道："两碗炸酱面，一只烤鸭，一份酱包瓜。"

我们今天来这里，就是奔着泰安名吃酱包瓜而来。烤鸭与酱包瓜是这家店的特色菜品，酱包瓜尤其好吃。

酱包瓜是泰安的特色名吃，距今已有300多年的历史，是古时候皇帝们喜爱的特色小吃之一。每逢天子来巡察、祭祀之时，也是厨师们最紧张和忙碌之时，怎样让天子既能品尝地方特色，又能吃出与众不同的味道，厨师们为此绞尽脑汁，酱包瓜就是乾隆皇帝来泰山祭祀时，当地厨师创新出来的美味。厨师在原有酱包瓜材料的基础上大胆改进，加入泰安当地特产，精心制作而成，乾隆皇帝品尝后大加赞赏，从此泰安酱包瓜便成为宫廷御膳中的一道菜。

酱包瓜的制作过程十分漫长。所用的瓜是丰满滑润、老嫩适中的甜瓜，山东的甜瓜皮厚瓤多，是做酱包瓜最好的食材。首先从甜瓜蒂上切盖，挖去里面的瓜瓤，接着将酱过的莴苣、黄瓜、陈皮、咸豆角、花生仁、核桃仁、瓜子仁、杏仁、藕、龙须菜、冰糖、橘饼、青红丝等30多种食材切碎做馅，装入瓜壳后用绳子捆扎起来。这也是这道菜叫酱包瓜的原因。然后把这些捆扎好的甜瓜放进甜面酱缸里腌制，大概需要40天才能把甜瓜制作成如琥珀色一般晶莹剔透的酱包瓜。只望一眼，便会激发起我们的食欲。没想到一个小小的酱包瓜，内馅如此丰富，做法如此讲究。

我们点的炸酱面、烤鸭和一份精致的酱包瓜很快就被服务生端了上来，在大盘子旁边的几个小碟子里还有麻油等调料。用筷子夹起一块酱包瓜放入口中，立刻感觉到一股酸甜爽脆的味道直沁心脾。

料理食物就如同料理人生，品尝美食也与品味人生相似。一种食物的诞生，离不开一个地方的风土人情。在这座山城一体的城市，我深深感受到了泰安人融汇于美味佳肴之中的热情与直率。

东平湖老字号湖鲜城全鱼宴

地址　泰安市东平县银山镇卧牛山村151号

电话　0538-2554048

东平湖蟹

美味飘四方

泰安市东平县东平湖是《水浒传》中八百里水泊唯一遗存的水域，现已成为知名风景旅游区。东平湖水域开阔，水质良好，这样的环境最适合各种淡水类生物的生长。

为了吃到鲜美的湖鲜产品，我来到了东平县东平湖老字号湖鲜城全鱼宴。这家老店可以说见证了东平湖的发展，同时自身也在不断发展。如今东平湖的游客越来越多，这家老店也由原来的小平房，华丽转身为装修豪华的三层小洋楼。

湖鲜城的全鱼宴在当地很有名气，吸引了很多游客和当地人前来品尝。在每年的九、十月份，正是当地湖蟹丰收的季节，店家也会特地推出湖蟹宴来满足大家的味蕾。

干锅香辣蟹所用的螃蟹个头一般比较小，避风塘炒蟹所用的螃蟹明显比香辣蟹的个头大了许多，而螃蟹白菜汤所用的蟹是个头最大的。

干锅香辣蟹的味道以麻辣为主，一个个鲜亮的红辣椒盖满整个盘子，揭开蟹盖，轻吸一口，螃蟹的鲜味与辣椒、花椒的麻辣味立刻激活我们的味蕾。避风塘炒蟹的椒盐与蟹肉融为一体，过了油的螃蟹连外壳都香酥无比。最漂亮也让我们吃得最痛快淋漓的当数芙蓉蟹了，只见一整只蒸熟的大闸蟹怀里，像是抱了一大束芙蓉花一般，蟹肉黄白相间，只望一眼便让人垂涎欲滴了。吃完这些美味，当然不会忘记喝一碗螃蟹白菜汤。这道菜不仅味道鲜美，而且做法简单。把白菜洗净后用手撕成块，用油爆香生姜片，然后倒入白菜翻炒，再往锅里倒进开水把白菜煮开，最后放入螃蟹、调料煮熟就可以出锅了。

鲜嫩的白菜叶吸取了汤汁与螃蟹的营养，将其放入口中，顿觉一种无法描绘的奇异香味沁入心脾，而乳白色的汤汁更是给人润爽鲜滑的感觉。明末张岱曾这样评论螃蟹："食品不加盐醋而五味全者，无他，乃蟹。"一只螃蟹的不同部分能吃出不一样的味道，大腿肉味同干贝，小腿肉美如银鱼，蟹身肉洁白晶莹，胜似白鱼，蟹黄丰美无比，一见倾心。

品人间美味，看最美风景。广阔的东平湖，被风吹出了碎银一般的波浪，渔船轻荡，芦苇轻摇，荷花仰头望着蔚蓝的天空。我们徜徉在这如诗如画的水天之间，心里已经开始惦记明年再来这里品蟹了。

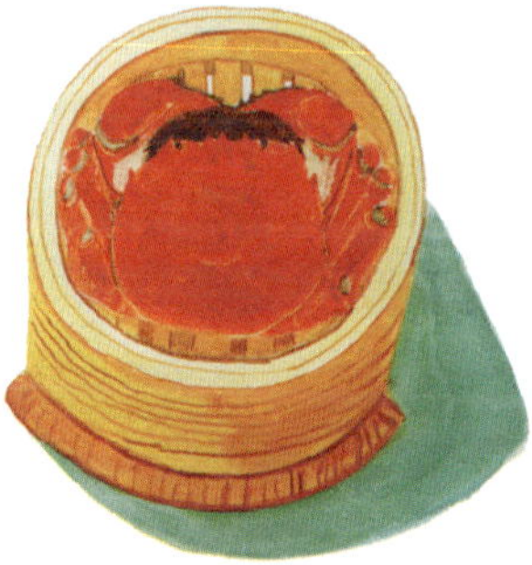

羊流美食城

地址　泰安市新泰市羊流镇工业园区同沁路路南50米

电话　15105383458

羊流豆腐皮

悠闲时光里的美味

餐馆里只要有客人点了煎饼，便会有卷煎饼的配料，最常见的就是大葱、甜面酱和豆腐皮。把豆腐皮放进半摊开的煎饼里，再把蘸了酱的大葱放到豆腐皮上轻轻一卷，咬一口，那股天然的蔬菜香和粮食香立刻沁入心脾。

要说起豆腐皮颜色鲜润、形态精致、味道鲜美，非新泰市羊流镇的“羊流豆腐皮”莫属。羊流豆腐皮以其香味醇厚、口感筋道等特点而成为泰安的特色名吃，在岁月的长河里已走过了600多年。

据说，有一次明太祖朱元璋带着亲信微服私访来到羊流，因天色太晚，便借宿在一个农户家里。农户家只有母女两人，靠做豆腐皮糊口。母女都是善良而又老实本分的人，家里没什么好吃的能招待朱元璋和他的随从们，就把豆腐皮变着花样做出来给他们吃。平日里在皇宫吃腻了山珍海味的朱元璋，望着一桌子的炒豆腐皮、炖豆腐皮、卷豆腐皮、青菜凉拌豆腐皮等，顿时胃口大开，不住地点头称赞，并借着酒兴挥笔题词：“乐陵小枣莱阳梨，不及羊流豆腐皮。”自此，羊流豆腐皮成为朝廷贡品。虽然现代化机器让豆腐皮的制作速度加快了不知多少倍，但羊流人为了保持羊流豆腐皮的特色，一直采用最传统的手工方法来制作豆腐皮，制作豆腐皮的大豆也要经过精挑细选后才会使用。为了吃到最正宗的羊流豆腐皮，我和朋友来到了羊流镇的“羊流美食城”。

豆腐皮的吃法很多，可以素吃，可以荤炒，也可以荤素搭配。他们家最具特色的是豆腐皮香肠卷、白菜肉炖豆腐皮、粉条炖豆腐皮等。先来介绍一下豆皮香肠卷，1 张豆腐皮可以做成 4 个豆腐皮香肠卷，食材主要是豆腐皮、香肠、韭菜、黄瓜等。把几根韭菜整根放到开水里焯一下然后捞出，将黄瓜和香肠切成细长的丝，韭菜切段，豆腐皮切成大小相同的 4 块，然后把切好的黄瓜、香肠和韭菜一一包进去，再卷起来，用烫好的韭菜系上，整齐地摆到盘子里，入笼开蒸。五六分钟后出锅，倒入用番茄、淀粉调制成的高汤，一道香味浓郁、品相漂亮的豆腐皮香肠卷就做成了。而白菜肉炖豆腐皮、粉条炖豆腐皮更是我们平日里最常见的家常菜。在羊流品尝过美味的豆腐皮后，我们自然不会忘记买一盒羊流豆腐皮带回家中，与家人一起分享品尝美味的快乐。

陈三河正宗演马牛肉

地址　泰安市肥城市演马庄演马小学路南

电话　0538-3590488
15269839513

演马庄牛肉

来自肥城的特色美味

一想到牛肉，眼前总会呈现出这样一幅场景：老屋外雪下得很大，老屋内那张斑驳的枣木餐桌上，火锅咕嘟咕嘟地冒着泡儿，那一大盘红润鲜香的牛肉始终牵引着我的目光，爸爸从盘子里捏起一块牛肉递给我："闺女先吃一块解解馋，等一会儿爸爸做好牛肉火锅，这牛肉会更好吃。"

很多地方的特色菜都离不开牛肉，泰安市也不例外。作为肥城特色小吃之首、泰安十大名吃之一的演马庄牛肉，起源于清朝嘉庆年间，距今已有 280 多年的历史。相传肥城演马庄有一位陈姓人在皇宫里做御厨，他告老还乡后，便在老家演马庄开了一个专门烹饪牛肉的饭店，由于他店里牛肉的味道与众不同，渐渐美名远扬，成为肥城的特色美食。

在演马庄，陈氏是个大姓，他们这里以陈氏命名的演马庄牛肉有十多户之多。前来品尝的客人，可以根据自己喜爱的口味选择去哪家店。我们泰安的最后一站就选择了演马庄演马小学路南的“陈三河正宗演马牛肉”店。

这家店的红烧牛肉与酱牛肉非常出名，所以进到店里，我们直接点了这两个特色菜。其实以牛肉作为主要食材的美食，其做法都是技术活儿，只有这小火慢炖，才能让牛肉的营养完全释放，让牛肉的味道悠远绵长。很快两盘牛肉就被服务生端到了餐桌上，红烧牛肉的汤汁散发出浓郁的香味，而酱牛肉更是色泽诱人。用筷子夹起牛肉蘸一下汤汁再放入口中，只觉得牛肉酥软鲜香，汁液浓郁味厚。

现在的演马庄牛肉，已经成为演马庄人的一条经济链条，他们引进真空包装生产线，让美味的演马庄牛肉走进超市和特产店，食客们买完后，在旅途中就可以切开食用。

我的泰安之旅就要结束了，我与朋友每年都会小聚一下，在与朋友挥手告别的时候，她为我准备了一堆礼物让我带走，大部分礼物都被我婉拒了，但留下了演马庄牛肉。

济宁

孔府佳肴扬四海

清康熙皇帝路过济宁时，曾被济宁的风景与美食所感动，留下诗作《过任城》。济宁曲阜是儒家代表孔子的故乡，孔府菜又被称为官府菜，对中国的饮食文化起着至关重要的引导作用。

行住玩购样样通 >>>>>

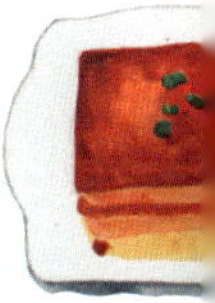

行在济宁

如何到达

飞机

济宁曲阜机场位于济宁市嘉祥县纸坊镇，为军民合用机场。

火车

济宁站建于1912年，是济宁市区唯一的一座火车站，位于济宁市任城区建设南路75号，离新乡站282千米，距兖州站32千米。

市内交通

公交

济宁公交站遍布整个济宁市区及周边乡镇，发车时间因公交线路不同而有所不同。

出租车

济宁出租车起步价为2千米内7元，2千米后每千米1.6元。每日22:00至次日5:00，每千米按基本运价的20%加收夜间加价费。

住在济宁

曲阜尼山书院酒店

地址　济宁市曲阜市尼山镇圣水湖北路199号
电话　0537-6566888
价格　1095元起

曲阜尼山书院酒店位于曲阜尼山水库旁边的一个小山谷里，清幽雅致，超凡脱俗，几十个院落遍布小溪旁，园林设计别具匠心。客房为独栋式设计，配有独立庭院，空间超大。酒店地理位置好，交通便利，同时提供免费接待服务。

小城故事时尚酒店

地址　济宁市曲阜市博文街路北6号
电话　0537-3356788
价格　73元起

酒店古朴典雅，位于市区繁华地段，距离“三孔”景区仅50米，毗邻明古城墙，步行2分钟即到“万仞宫墙”，可观赏每日开、关城门仪式。

玩在济宁

济宁太白楼

地址　济宁市任城区太白楼中路27号
门票　免费

济宁太白楼，因唐朝诗仙李白而得名。“太白晚眺”是济宁古八景之一。夕阳西下的时候，站在太白楼上眺望，那种美会让你赞叹不已。

中国国际孔子文化节

地址　济宁市曲阜市
门票　免费

每年孔子诞辰（公历9月28日）前后，都会在孔孟之乡济宁举行盛大的中国国际孔子文化节。游客们在观看、参与盛大的祭奠仪式的同时，还能一览孔林、孔府、孔庙的优美风景。

购在济宁

汶上牛蒡

店名　曲阜特产批发
地址　济宁市曲阜市静轩东路3号
价格　约38元/千克

汶上牛蒡具有独特的香气和纯正的口味，有“东洋参”之美誉。牛蒡泡茶，色泽金黄、香味宜人，又因其价比黄金，故又称“黄金牛蒡茶”。

柘沟土陶

店名　柘沟镇特产专卖店
地址　济宁市泗水县柘沟镇五村
价格　约28元起

济宁市泗水县柘沟镇有着得天独厚的陶土资源，柘沟土陶工艺复杂、造型优美、高贵典雅，在海内外享有盛誉。

开启济宁美食之旅 >>>>>

曲阜孔府饭店

地址 济宁市曲阜市后作街1号

电话 0537-4590000

一品豆腐

吉祥如意的祝福

冯骥才先生曾说："养育龙种，豆腐有功。"豆腐洁白如玉、柔软细嫩，可素食，可荤炒。豆腐性寒、味甘，其营养价值与牛奶相近，对因乳糖不耐症而不能喝牛乳的人来说，豆腐是最好的替代品。在古代它不仅是达官贵人们餐桌上的美味，也是平民百姓家中每日的家常菜。

正是因为豆腐味美价廉、营养丰富，以豆腐为主要食材制作的菜品数不胜数。记得第一次在菜单上看到"一品豆腐"这四个字的时候，我的脑海中便展开了丰富的联想，心想这个豆腐一定是一品官员制作出来的，所以才会叫一品豆腐。

国庆节假期，我和两位同事踏上了前往济宁的旅途。我们第一站就去了孔子的故乡曲阜游玩，被誉为"东方圣城"的曲阜，是鲁国的国都，是伟大的思想家、教育家孔子的故乡。正因如此，曲阜这个古色古香的老城如今成为国际旅游胜地，曲阜的饮食业也随之发展壮大。人们来到曲阜，不仅想一览孔府的壮观，更想一品古代只有达官贵人才能吃得上的孔府菜。我们的晚餐就订在曲阜孔府饭店。当服务生拿来菜单让我们选套餐的时候，我一眼就看到了菜单上的一品豆腐，怀着好奇心立刻开始向服务生了解一品豆腐的制作方法。

服务生说做一品豆腐所用的主要食材是内酯豆腐，因为内酯豆腐在保持黄豆的营养上要比石膏豆腐和卤水豆腐更高，品相更洁白、细嫩。首先制作酱汁，制作一品豆腐酱汁的配料多达10多种，主厨师傅为了体现自己酒店的特色，一般喜欢舀上两大勺高汤，高汤里加入番茄片、洋葱丁、大蒜丁、猪肉末、蜂蜜、蚝油、橄榄油等来熬酱汁。接着把豆腐切成长宽约2厘米的豆腐块，因为内酯豆腐过于鲜嫩、易碎，所以在油炸之前要先裹面粉，然后再放进油锅炸至金黄色，最后盛入盘中，淋上酱汁，一品豆腐就做好了。

孔府菜不仅做法精细，而且盛器精致，这里用来盛菜的盘子都是精致的骨瓷盘，洁白的盘子中整齐地摆放着金黄的豆腐，上面有酱紫色的卤汁，几根绿油油的油菜随意摆在其上。望着这样精致的人间美味，怎能不让人食欲大振？

当你咬开外面金黄的酥皮，里面雪白嫩滑的豆腐和着酱汁一下子就滑进了肚子里，只觉满嘴咸香微辣，稍作回味，浓郁的酱汁香在口中悠远绵长。

黄花牛肉面

地址　济宁市邹城市富民路1159号

电话　13854745654

黄花牛肉面

相思知多少

黄花菜，别名忘忧草，花期极长，香味浓郁，味道鲜美，营养丰富，可蒸炒，可凉拌，也可以做汤面。黄花牛肉面，就是济宁地区的特色名吃。每一位来到曲阜的人，都应该吃一碗黄花牛肉面。

我与同事在位于富民路的一家名叫“黄花牛肉面”的小餐馆前停住了脚步。这两天与同事逛了曲阜的特色小吃餐厅，我们发现了一个规律，凡是味道好的，店面都不太大，老板也不在意客人因为吃不上面而走掉。我想他们内心定是充满自信，这次因为排不上号而吃不上面的人，下次一定会早来。

这家小店的店面不大，整个大厅只有10张供顾客吃面的桌子，每张桌子只能坐4个人。吃面需要的调料整齐地摆放在桌子的正中间，顾客可以随手取用。我和同事是踩着饭点来的，店中已人满为患，我们只好点了面后站着等位。

黄花牛肉面的主要食材有黄花菜、熟牛肉、牛大骨头和手擀面条。因为正值黄花盛开的季节，所以我们可以吃到新鲜的黄花菜牛肉面。摘鲜黄花菜是有技巧的，一定要把黄花菜中间那个红丝抽出来才能吃。把黄花菜择好洗净后，放热水里焯一下，从中间切成两段，然后用牛肉汤把黄花菜煮熟。煮牛肉和牛骨头是一个费时间的活儿，需要一个专门煮牛肉和牛骨头的大铁锅，每天凌晨两三点就要开始煮牛肉，只见锅里的牛肉汤沸腾着，扑鼻的牛肉香让人口水直流。牛肉煮熟后把牛骨头上的肉剔下来切成肉片，放到一个干净的大盘子里备用。

接着用筷子把煮好的面条挑到一个大碗里，将黄花菜捞出放在面条上，再舀一大勺牛肉汤浇进碗里，接着用筷子把几大块切好的牛肉盖到面条上，往上面撒上葱花和香菜，再淋上香油和醋，一碗黄花牛肉面就做成了。

我们再根据自己的口味，从桌子上拿起调料瓶调了一下味，用筷子搅拌均匀，便开始大口大口吃起面来。一碗油而不腻、味感厚重、香气扑鼻的黄花牛肉面让我们的味蕾得到了极大的满足。

中华第一甏

地址　济宁市任城区建设路119号

电话　13395474466

甏肉干饭

时光深处的美食享受

早就听闻济宁的甏肉干饭非同一般，只是不知道这个甏肉干饭究竟如何与众不同，如若不去品尝，岂不是辜负了这人间美味。甏是古代人盛水的一种口小腹大的陶制盛器，像瓮一样。我不禁好奇，这么大的一个容器，是怎么被人当作烧饭、炒菜的锅来使用的，做这么一大甏米饭得多少人才能吃完啊？用甏做出的饭菜，到底会是什么味道呢？

为了解开内心的疑团，我与同事一起来到了位于任城区建设路的中华第一甏餐馆，想在这个店面不大却生意火爆的餐馆里，一品甏肉干饭的美味。

来到餐馆后，我与服务生攀谈了起来，这才知道原来用甏做饭菜的由来，还与水泊梁山的108位好汉有关。

北宋时期，慕名前来投奔水泊梁山的英雄越来越多，普通炊具做出的饭量太少，远远不够，外面战火连天又出不去，师傅急得在厨房里团团转。这时，他突然看到了盛粮食的大甏，便突发奇想，用甏充当做饭的铁锅，把大块的五花肉放在甏中，淋入老汤加入调料蒸煮了起来，结果煮出来的肉味道鲜美、爽滑，入口即化，尤其是把肉汤淋到大米饭上，再盖上两块酱红色的五花肉，味道更加美妙。从此甏肉干饭就成为济宁的特色名吃。再加上它经济实惠、味美价廉，很快甏肉干饭就在全国各地传播开来，但由于甏肉干饭每到一个地方，就会对做法稍作改变以符合当地人的口味，所以就失去了正宗的味道，要想吃正宗的味道，一定要到济宁当地来吃。

因为经济条件的原因，过去的甏肉干饭除了五花肉，用的食材也是极为有限。随着现在生活水平的提高，做甏肉干饭所用的食材也越来越多。选五花肉，一定要选鲜嫩薄膘、瘦七肥三的，酱鸡蛋、油皮煎卷、四喜丸子、豆腐干、豆腐塞肉等也都成了甏肉干饭的食材。

做的时候先把五花肉切成大块用开水煮一下，去掉肉的腥味。等五花肉不烫手后，切成10厘米长、5厘米宽的肉块。然后用各种调料将肉红烧和酱香后，同做好的油皮卷煎、豆腐塞肉、四喜丸子等一起放进大甏里开始蒸煮。

当大甏里红色的高汤煮沸的时候，各种肉香便混合在一起，弥漫在空气之中，此时，店家又将各类洗干净的蔬菜放进大甏的一边，青翠的青菜与酱香的肉类搭配相得益彰，更能勾起人们的食欲。

围绕着大甏，望着这汤浓味厚、香味悠远的甏肉，与同事挑选着我们爱吃的菜品。不停往鼻子里钻的香味，让我们口舌生津。勤快的服务生把一碗碗甏肉干饭放进我们的手中，大家找了位置，满足而又痛快地大块吃肉、大碗喝酒了。在明媚的阳光下，我似乎看到了当年梁山好汉们的粗犷与豪情。

微山岛农家院鱼馆

地址 济宁市微山县微山岛乡吕蒙村微山岛名湖度假酒店向东

电话 13791712259

微山湖醉蟹

不食醉蟹空负腹

小时候，家乡的小河总是会带给我们惊喜，夏天它是我们摸鱼的好地方，秋天它是我们捉蟹的好去处。尤其是在秋天的晚上，我喜欢和村子里的小伙伴们一人提一个大大的瓶子跑到河边，借着月光掀起一块小石头，只见一只小螃蟹就在下面张牙舞爪地望着我们。我们才不会怕它呢，用家里夹无烟煤的火钳一夹，就把它放进了瓶子里。妈妈会把我捉来的小螃蟹用盐腌上，第二天，它就成了我们餐桌上的美味。

金秋十月是吃螃蟹的最佳时期，微山湖有着“不食醉蟹空负腹”的说法，这次到济宁自然少不了一览微山湖的美景，品一品微山湖醉蟹的美味。所以我们在“微山岛农家院鱼馆”停住了脚步。正如那些有特色的餐厅一样，微山岛农家院鱼馆的装修是田园风格，在这样的环境里品尝微山湖醉蟹，就如在自己家里吃饭一般，感觉特别亲切。

微山湖醉蟹距今已有200多年的历史。据传在微山湖周边居住的渔民在打完鱼回到家后，不小心把自己喝的花雕酒洒入了打捞上来的螃蟹中，那些螃蟹喝完酒一个个都醉了，结果这些喝过酒的螃蟹蒸出来后，蟹肉雪白、蟹黄鲜红、鲜美异常，就连螃蟹身上的腥味都完全没有了，真是让人食之不忘。从此，微山湖醉蟹声名远播，成为济宁的特色名吃。

微山湖醉蟹所用的食材是从微山湖打捞出来的鲜活大螃蟹。微山湖是“南四湖”的别称，是中国北方最大的淡水湖，水域辽阔，水质清澈，水草丰美。金秋时节芦苇荡迎风起舞，莲蓬鲜美饱满，一艘艘渔船载满而归。微山岛农家院鱼馆的老板跳上了一艘渔船，从上面挑选自己中意的螃蟹买回餐厅。

制作微山湖醉蟹耗时较长且工序烦琐，如若不是有耐心的店家，很难做出口味正宗的醉蟹。第一道工序就是让螃蟹排除身体里的污物，这个过程大概需要半个月，这也是微山湖醉蟹与我们平日里吃的醉蟹最大的不同之处，微山湖醉蟹不仅干净卫生，并且鲜美无比。第一道工序完成后，掀开脐盖洗净、挤出污物，撒上适量花椒盐，然后合上脐盖，掰下一个蟹爪尖，从脐盖上部将脐盖钉牢，使之不能张开，做完后即可把螃蟹装进坛子里。为了防止装进坛子里的螃蟹乱动，还要用两根小竹片做成十字形卡在坛内压住它，这时候就可以把花雕酒徐徐浇入坛中了，干渴至极的螃蟹们遇到美酒如饮甘饴，直至酩酊大醉。它们被封到坛子里一个月之久，才能正式成为醉蟹。再把用糯米酒、盐、糖、姜、葱、花椒、大料、茴香等多种原料制成的醉卤液倒进坛子里，把坛口扎紧，一个星期后就可以出坛食用了。

当服务生把颜色鲜美、香气四溢的微山湖醉蟹端到我们面前的时候，一股带着浓郁酒香和螃蟹香的味道立刻扑面而来。秋风起，蟹脚痒；菊花开，闻蟹来。轻轻掀开蟹盖，金黄色的蟹油立刻就从蟹盖里溢出，当把软糯、香鲜的蟹肉放入口中时，一股带着美酒味道的异香便一下从舌尖蔓延开来，让人回味无穷。

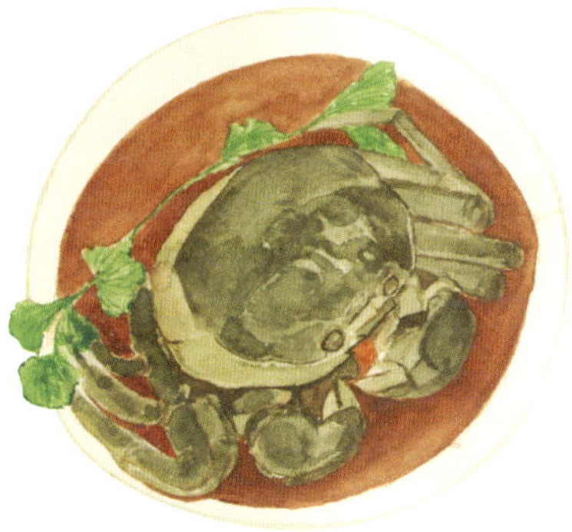

微山芳林嫂渔家菜馆

地址　济宁市微山县建设中路

电话　0537-3188877

芳林嫂大包

真滋味诠释人间真情

电影《铁道游击队》里的芳林嫂是一位朴实、善良的农家妇女，丈夫被日本侵略者杀害后，她以卖煎饼为生养育一双儿女。游击队队长刘洪在她家养伤的时候，芳林嫂为了给刘洪增加营养，利用家里仅有的食材，为刘洪精心准备饮食。她用猪肉、粉条、韭菜、湖草做馅包包子，用花生油煎包子，这样做出来的包子肥而不腻、味道鲜美，刘洪特别爱吃，伤口也很快愈合了。从此，这个诠释人间至情至爱的包子被微山县人称为“芳林嫂大包”，并成为微山县的特色名吃。

这次到了微山县，我自然要去品尝一下芳林嫂大包。于是我和同事来到了位于微山县建设中路的“微山芳林嫂渔家菜馆”。这是一家装修古朴典雅，可同时容纳 300 多人用餐的菜馆。微山湖周围的人家每每办喜事和酒宴的时候，总是选择到这里来办。微山芳林嫂渔家菜馆的包子馅料种类非常多，当我们说点两锅芳林嫂大包时，服务生便问道：“您吃什么馅的？”我们便反问：“都有什么馅的？”服务生答：“有湖草、粉条、猪肉馅，有虾仁、韭菜、鸡蛋三鲜馅……”当服务生还想报的时候，我们便立刻答道：“一锅湖草、粉条、猪肉馅，一锅三鲜馅。”

湖草是一种生长在水中或者湿地的营养价值极高的野生美食，它性凉、味道微苦，具有清热化痰、益肾、调经、止血等功效。在过去贫穷的日子里，微山湖中这些野生的湖草，滋养了附近的村民们。

做芳林嫂大包，要先发面，等把馅料调配好的时候，面也基本发好了，然后把面揪成一个个的小团，擀成面皮并放入馅料包成包子。在平底锅里放入适量的花生油，把包子一个个放进去，大约煎一分钟，将一碗用面粉、芝麻拌过的面粉水倒进锅里，千万不要小看这一碗面粉水，这些面粉水一落入锅底，随着与热油的接触，便在锅底变成了薄如蝉翼、金黄色的锅巴，与锅里的包子迅速连在一起。接着盖上锅盖，等锅里的水耗干，再淋上香油，芳林嫂大包就可以出锅了。

当两盘散发着浓郁香味的包子端到我们桌上的时候，只见包子的个头要比平日里吃的煎包大出至少两倍，金黄的颜色真是诱惑人，用筷子夹起馅多皮薄的煎包，送入口中轻轻一咬，只觉得一股猪肉香带着湖草鲜香的味道直达心底，无限美好。

湖鲜鱼馆

地址 济宁市任城区琵琶山路第二人民医院对面

电话 0537-2168796

漂汤鱼丸

丸子里的极品

家乡的小池塘是我们小时候玩得最开心、最快乐的地方。每当雨后池塘涨水，我都会用自制的小渔网去抓鱼。回到家中，这些小鱼就成了我们餐桌上的美味，因为鱼太小，妈妈一般会做成炸鱼丸。

只是不知道，小时候吃的这种鱼丸和微山县的漂汤鱼丸是不是一样的，它们之间的区别是什么。

为了一品济宁的特色名吃漂汤鱼丸，我和同事走进了绿水环绕、芳草幽香、环境优美的“湖鲜鱼馆”。这是一家经营了30年的鱼馆，特色菜品众多，味道鲜美。漂汤鱼丸是微山县当地的渔家菜代表之一，因其味道鲜美可口、营养丰富、价格低廉而深受微山人的喜爱，成为普通百姓家中日常餐桌上的主打菜品，并渐渐成为济宁的特色名吃。用来做漂汤鱼丸的鱼都是来自微山湖里的鲢鱼、白鱼和鲤鱼，这些鱼含有丰富的营养，以它们为原料制作的漂汤鱼丸自然具有很高的营养价值。

漂汤鱼丸的做法并不是很复杂。首先清理鱼的内脏，然后洗干净，去掉鱼刺，把鱼肉剁成鱼泥，加入一应调料后，顺着一个方向长时间搅拌，等搅拌均匀后，再一边加清水，一边从馅料的中间顺着一个方向搅拌，直到馅料出现白色泡沫为止。锅里烧开水，把鱼肉馅放进手心，用大拇指和食指把鱼馅挤进沸水中，不一会儿，水里便漂起一个个乳白色的小鱼丸，此时我终于明白这道菜为什么叫漂汤鱼丸了。等鱼丸熟了后，连同汤汁倒进汤盆里泡一会儿。然后开始做料汤，料汤做好后，将鱼丸捞出放进料汤里。把做好的鱼丸盛在汤碗里，只见一个个大小如白果的鱼丸与碗中的配菜搭配得相得益彰。

一汤在桌，满厅清香。轻轻用小勺舀起鱼丸放进口中，只觉得一股鲜香在舌尖蔓延开来。明媚的阳光透过窗照进房间，让我有一种时光倒流的错觉，好像又回到了童年时代，仿佛看到从厨房里走出来的母亲，手里正端着一碗香喷喷的鱼丸招呼着我们。

马老大面筋串

地址　济宁市邹城市太平西路1124号

电话　13792336497

烧罗汉面筋

街边的美味

每一道菜肴的产生，都和特定的文化背景与当地人的饮食习惯有关。济宁地广物博，盛产小麦、玉米、大豆等农作物。济宁人以小麦为主食，用小麦做成各种各样的菜肴。

据传，1915年曹锟到济宁时，得到济宁军阀靳云鹏的宴请，靳云鹏给他上了一道烧罗汉面筋，曹锟吃了以后，对这道菜大加赞赏，并提笔写下了“济宁食俗不凡，色香俱佳”几个字。

为了一品烧罗汉面筋的美味，我来到了“马老大面筋串”门前。这家店不大，门前排满了等待吃烧罗汉面筋的食客，看到这么多人宁愿排长队也要吃美味，我更想品尝烧罗汉面筋了。

烧罗汉面筋所用的主要食材是熟面筋、水发香菇、黑木耳、口蘑、玉兰片等。制作面筋是一个复杂的过程，先把面粉放进盆里，用筷子搅拌成絮状，然后和成面团，一边用水洗面，一边用手反复捞面，这个过程大约需要1个多小时，才能揉出面筋来。然后把洗出来的面筋上锅蒸熟就可以了。把熟面筋去边，切成长10厘米左右、宽3厘米左右的块状，用油把切好的面筋炸至金黄色，再放进水里煮软。接着锅里再次放进水，加入调料做成汤汁，水开后把面筋放入汤中，用小火慢慢煮15分钟左右，然后把香菇、黑木耳放进锅里，再炖5分钟左右。

将玉兰片摆在盘底，炖好的面筋刀口朝下逐片摆在盘中，口蘑摆在盘子四周，上笼用大火再蒸10分钟左右，然后取出，扣在大汤碗内，将汤滤到锅内，勾薄芡，淋上花椒油，然后浇在面筋上，一道精致美味的素菜就可以端上桌了。

一道素菜，被烧制得色、香、味俱全，夹起一块面筋放进口中，轻轻一嚼，感觉这面筋里除了小麦特有的香味，还有大骨头和肉的香味，随着舌尖上的味蕾为之绽放，浓郁的香味也随之弥漫开来，令人胃口大开。

烟台

赴一场美食的盛宴

“要待吃好饭，围着福山转”，胶东菜又叫“福山菜”。烟台作为胶东菜的发源地之一，不仅有蓬莱小面、福山拉面、糖酥杠子头火食、烟台焖子等美食在等待我们前去品尝，更有丰厚的饮食文化等待我们去探究。

行住玩购样样通 >>>>>

行在烟台

如何到达

飞机

烟台蓬莱国际机场位于山东省烟台市开发区。

港口

烟台市现有港口 10 处，已与 70 多个国家和地区的 100 多个港口直接通航。

火车

烟台火车站位于烟台市芝罘区，可发往全国各地 30 多个城市与地区。烟台南站位于烟台市莱山区，只有动车组列车。

市内交通

公交

烟台公交线路覆盖烟台市区大小街道及周边郊区。

出租车

烟台出租车起步价为 3 千米内 9.5 元，超出 3 千米后每千米 1.8 元。

住在烟台

百纳瑞汀酒店

地址 烟台市芝罘区大马路 3-1-2 号
电话 0535-6862888
价格 458 元起

酒店内设商务海景房和风雅市景房，客房装修大方、干净整洁。酒店地理位置也非常优越，周边有众多商场及酒吧风情街等。

烟台滨海广场亚朵酒店

地址 烟台市芝罘区海岸街 18 号
电话 0535-6841111
价格 285 元起

该酒店位于烟台山风景区旁，毗邻第一海水浴场、海滨广场、朝阳步行街，拥有各类舒适海景房约 80 间。

玩在烟台

蓬莱阁

地址　烟台市蓬莱县北 1.5 千米临海的丹崖山上
门票　140 元

蓬莱阁是全国首批国家 AAAAA 级旅游风景区，也是中国古代四大名楼之一。每年换季之时，空晴海静，就可能看到海市蜃楼的奇观。海上或奇峰突起，或琼楼迭现，时分时聚，缥缈难测。

八仙过海风景区

地址　烟台市蓬莱市海滨路 8 号
门票　80 元

八仙过海风景区坐落在山东省蓬莱市北黄海之滨，与丹崖山、蓬莱阁、长山列岛隔海相望，风景独特，是烟台黄金旅游线上观景览胜的绝佳去处。

购在烟台

烟台绒绣

店名　烟台市东方绒绣厂
地址　烟台市芝罘区新海阳西街 4 号
价格　66 元起

烟台绒绣针法多变、色彩绚丽、绣工精致、风格高雅、层次明晰、立体感强，被视为名贵佳品。

烟台苹果

店名　烟台栖霞苹果批发市场
地址　烟台市栖霞市桃村镇石剑铺
价格　约 16 元 / 千克

烟台苹果因其香气馥郁、皮薄肉脆、品质佳良而驰名中外，若有机会来到烟台一定要品尝。

开启烟台美食之旅 >>>>>

凯文海鲜大酒店

地址 烟台市芝罘区冰轮路9号（宫家岛村口）

电话 0535-6854670/6810985

烟台焖子

烟火深处的酸香味道

经不住烟台美食的诱惑，我终于答应陪女儿去烟台参加动漫展，女儿和同学去动漫展玩，而我便踏上了寻找烟台美食和风景之旅。

在网上订餐厅的时候，女儿把第一站的晚餐选在了“凯文海鲜大酒店”，因为这家酒店的烟台特色名吃“三鲜焖子”的销量排在首位。

烟台焖子距今已经有100多年的历史。相传烟台有一家门氏兄弟，二人以制作粉条维持生计。一天他们做好粉坯准备晒粉条，却赶上了连续的阴天，一连好几天没有出太阳。眼看着粉坯要酸掉，门氏兄弟灵机一动，把这些粉坯放进锅里煎好后，用蒜泥调制成焖子来卖，结果深受附近村民的喜爱，人们给这道菜取名叫“烟台焖子”。

因为烟台焖子对食材的要求极高，对火候的掌握、制作工序要求也极为严格，稍不注意就做不出正宗的味道，所以现在烟台的大街小巷很难买到正宗的烟台焖子，只有烟台的各大餐厅和酒店能吃到正宗的焖子。

三鲜焖子的主要食材有焖子、海参、虾仁、鱿鱼、螺片、胡萝卜、黑木耳等，调料有干面粉、水淀粉、胡椒粉、芝麻酱、蒜末、香油等十几种。

这里所用的焖子一般是淀粉焖子，做焖子如果用1斤地瓜淀粉，大概需要用4斤水，把淀粉搅拌均匀后，要浸泡4个小时以上，目的是要把淀粉泡透。4个小时后，把淀粉倒入锅中，一边加热，一边用勺子均匀地搅拌，你会发现经过搅拌这些淀粉会慢慢变得如糨糊一般晶莹剔透。搅拌时会越搅越稠，中间出现的半透明的晶体也会越来越多，当最后都成为透明的淀粉糊，再把透明的淀粉糊放到碗里，等完全凉透的时候，焖子就做好了。

接下来将焖子切成长宽各2厘米的块，胡萝卜切成菱形片，泡发的木耳直接用手一片片撕开。泡发海参过刀切片，在虾仁背上划一刀片开，鱿鱼切成麦穗花刀，螺片下开水焯透。把焖子放在七成热的油里炸至金黄色，盛入盘中备用。锅里留底油，用葱末、姜末爆香后加入高汤，开锅后先放鱿鱼，然后把一应食材放进去，开锅后浇在炸好的焖子上面，淋上芝麻酱。

一个人的美食时光就是这么简单，一道地方特色名吃，就可以让自己幸福而又满足。美食让日子充满丰富的滋味，这也正应了周作人的一句话：“我们于日用必需的东西以外，必须还有一点无用的游戏与享乐，生活才觉得有意思。”而美食不正是这样一点“日用必需”之外的享乐吗？

太贵砂锅

地址 烟台市芝罘区幸福中路振华广场西侧（幸福河市场东侧）

电话 0535-6805585

糖酥杠子头火食

木杠压出的经典美味

杠子头火食，最早发源于山东潍县一带，由于制作时面中加水较少，用手揉不动，得用杠子来压，所以当地人叫它杠子头火食。因为这个面食冬不甚凉、夏不易馊、易于储存，潍县人在外出务工或者做生意的时候，都喜欢把它当干粮带着，就这样杠子头火食很快传到了烟台，成为渔民出海时必带的干粮。做杠子头火食的面是没有发酵过的，被风一吹，水分全失，变得又干又硬，难以咀嚼下咽，于是聪明的渔民就对它进行了改良，在原料里加入油和糖。从此，杠子头火食成为烟台的特色名吃，人们把加了糖和油的杠子头火食叫作"糖酥杠子头火食"。

现在随着人们生活水平的提高，糖酥杠子头火食又有了进一步的改良，从用戗面做火食，改良为用发酵过的面来做火食，即便火食凉了也可以食用，不会对胃造成伤害。

可以说在胶东长大的人基本都吃过糖酥杠子头火食，小时候吃是为了尝鲜，中年吃是越嚼越香，年纪大时还要像磨牙似的一层一层地吃，就是为了咀嚼出岁月的滋味，咀嚼出对往日故事的回忆。

太贵砂锅家的糖酥杠子头火食特别正宗。制作糖酥杠子头火食是一个技术活儿，太贵砂锅的糖酥杠子头火食之所以好吃，是因为他们家一直沿用传统的方法来做坯子，并且用最原始的方法来烤制，因此想吃到正宗的糖酥杠子头火食可以去这家。

当几个两面金黄的糖酥杠子头火食端上桌的时候，面香、油香和糖的甜味扑鼻而来，将热热的糖酥杠子头火食送进口中，感觉外皮酥脆，内里如面包一般松软，同时又十分筋道，那种酥脆香甜的味道立刻就在舌尖上蔓延开来。

权家大娘面馆

地址　烟台市福山区北二路崇文街90-2-3-4号（崇文中学西对面）

电话　0535-6326885

福山炝锅面

无法忘记的童年味道

福山拉面，又叫福山大面，是中国四大面之一，距今已有300多年的历史。为一品福山拉面的美味，我来到了位于福山区崇文街崇文中学西对面的权家大娘面馆。权家大娘面馆是省级非物质文化遗产——福山大面的传承保护单位。在2016年9月山东电视台综艺频道的《蓝海百姓厨神》栏目中，权家大娘总经理权福健经过10个月的角逐，在上千名选手中脱颖而出，荣获年度总决赛冠军。福山拉面中的炝锅面在2016年9月在陕西举行的“中国十大名面邀请赛”中被评选为“中国十大名面之一”。所以这次烟台之行，我一定要尝尝炝锅面的美味。

福山炝锅面的主要食材是面粉，辅助食材有猪瘦肉、黑木耳、西红柿、鸡蛋、油菜、虾仁等。炝锅面的味道和口感与和面、揉面的过程有着直接的关系。把面粉倒入盆中后，再打一个鸡蛋进去，就可以往面粉里加水了。和面的时候，不能一次性把水倒入面里，而是一边倒水，一边不停地搅拌面粉，直到把面粉搅拌成雪片状，就可以和面了。和面的要求是面光、盆光、手光。面和好后，要醒半小时左右。趁这个时间，把猪瘦肉洗净切丝，放入酱油、淀粉腌制一刻钟左右。把泡发好的黑木耳用手撕开，油菜洗净后用热水焯一下。然后在锅里倒入油，等油热后先把肉炒熟，然后爆香葱段，再倒入西红柿和泡软的虾仁爆香，在锅里倒入酱油反复翻炒。最后在锅内倒入鲜汤，把小油菜、黑木耳、虾仁一起煮沸后再往锅里放入炒好的猪瘦肉，炝锅面所用的汤汁就做好了。

把醒好的面团揉成一个圆形按扁，用擀面杖擀成薄如纸片的面片，在上面撒上面粉，折叠好，然后切成粗细均匀的面条，用手往上一提，那些色白如玉的宽面条便纷纷伸展开来。将面条下到沸水里煮熟后盛入碗中，淋入汤汁，一碗热气腾腾的炝锅面就可以端到餐桌上了。

富有弹性的面条在香气里穿梭，吸饱了肉汤的鲜香，散发出特别的美味，挑起一口放入口中，柔软醇香的面条滑过唇齿之间，咸香中弥漫着一丝清甜。这样的美味任谁都无法拒绝，既然无法拒绝，那就尽情享受吧。

小渔村码头

地址　烟台市开发区黄河路与香山路交叉路口北

电话　0535-6388881/15063838889

手撕鲅鱼

千丝万缕只为情

我喜欢吃鲅鱼，因为鲅鱼的肉鲜美可口，更重要的一点是它的刺少，对于吃鱼常常被鱼刺卡住的我，从小就对鲅鱼情有独钟。

对于烟台的手撕鲅鱼已经垂涎已久，急于一尝鲅鱼美味的我，走进了烟台的小渔村码头餐厅。

关于手撕鲅鱼还流传着一个美丽的故事。从前在胶州湾有一家以打鱼为生的父女，女儿长大后嫁给了一位憨厚的后生，父亲知道女儿爱吃鲅鱼，每次打来鲅鱼都会挑几条个头最大、最肥的给女儿送去，女儿总是把吃不完的鲅鱼腌好晒起来。有一天父亲突然生病，食不下咽。女儿便把父亲接到自己家中精心照料，并把自己腌制的鲅鱼在油锅里煎至金黄色，一点一点用手撕开盛入盘中，让父亲配着稀饭或者玉米饼来吃，结果父亲胃口大开，病情开始慢慢好转。从此女儿便不再让年迈的父亲出海，而是做起了手撕鲅鱼的生意。

手撕鲅鱼由于鲜而不腥、久嚼不腻等特点，成为烟台的一道美味佳肴，逐渐成为烟台的特色名吃。

手撕鲅鱼的做法耗时较长，所选的鲅鱼一定要新鲜、个大、肉肥，并且单条重量要在两斤以上。首先要用秘制的酱料腌制鲅鱼，然后将腌制好的鲅鱼，挂到院落或者阳台等通风处把表皮风干，这个过程大概需要一个星期。最后在平底铁锅里抹上花生油，把风干的鲅鱼放进去，两面都用中火慢慢煎至金黄色。在盘底放几片洗干净的生菜，边缘放几个刚在铁锅里烤好的玉米饼，中间放入煎好、撕开的鲅鱼，这样就可以端上桌了。

鲁菜除了讲究色、香、味俱全之外，还讲究盛菜所用器皿的搭配，洁白如玉的瓷盘，嫩绿脆爽的生菜，红润鲜嫩的手撕鲅鱼，金黄酥软的玉米饼，搭配在一起颜色十分亮丽。把玉米饼放入口中，只觉酥软香脆，质朴醇香。再把手撕鲅鱼放入口中，只觉得这肉鲜香筋道、久嚼不腻。玉米与鲅鱼都是寻常之物，然而要把寻常之物烹制成美食也绝非易事。美食需要用心去制作，需要烹制之人有一份耐心。美食美味，要悠然品尝。

丽苑大酒店

地址 烟台市福山区崇文街 90 号

电话 0535-6351508

葱烧海参

鲜香四溢美名扬

在袁枚的《随园食单》海鲜篇里，他这样写道："海参无味之物，沙多气腥，最难讨好。然天性浓重，断不可以清汤煨也。"所以，后人根据海参天性浓重的特点采用"以浓制浓"的方法烹饪，即以浓汁、浓味入其里，浓色表其外，创造出各种以海参为主要食材的美味，这些美味佳肴都是色、香、味、形俱全。

葱烧海参就是烟台人根据海参的特性烹饪出来的一道经典佳肴，成为鲁菜传统"三大酒席"中的顶尖佳品。三大酒席是指鲁菜中的燕菜席、鱼翅席和海参席。说海参是海中贵族，一点也不为过，它对生活环境的要求极为苛刻，在绝对干净卫生的环境下才能生存，一滴油或者一根头发就有可能让海参化为水而不复存在。从这一点来看，我们便知道海参是多么珍贵的食材了。《本草从新》中记载："有刺者名刺参，无刺者名光参。"刺参主要出产于黄海与渤海，是一种高蛋白、低脂肪、低胆固醇的优质食品，是良好的滋补、食疗佳品。我国传统中医理论认为，海参具有补肾经、益精髓、消痰涎、摄小便、杀疮虫等功效。故有医歌云:"海参咸寒，降火滋肾，通肠润燥，除劳祛症。"古往今来，人们一直视刺参为高档烹饪食材。

今天，我们来到了丽苑大酒店，在酒店里找了一个安静的座位，想一品葱烧海参的美味。做葱烧海参的第一步主要是泡发海参，泡发海参耗时较久，每一步怎么泡发，都要严格按照具体要求来进行，只要错了一步，海参的营养价值就会大打折扣，泡发海参大概需要 6 天的时间，等海参泡发好了，就可以做葱烧海参这道菜了。先在锅里倒入油，放入葱白，小火慢慢煸炒，直到油里散发出葱香，就说明葱油熬制成功了，将煸炒过的葱段捞出丢弃，接着把新切好的葱段重新放进葱油里煎至金黄色，捞出放入盘中。在锅里倒入高汤，加入适量的蚝油、生抽、糖和料酒煮开后，把海参放进锅里煮 3~5 分钟后，捞出装盘。最后把锅里的高汤用淀粉勾芡，淋到海参与葱段上，一盘精致、美味、极富营养的葱烧海参就可以端到餐桌上了。

望着眼前这盘葱烧海参，我不禁赞叹不已，这是何等美味的人间佳肴啊！那红润浓郁的汤汁上，油亮乌黑的海参纹理清晰可见，肉刺完整粗壮，盘子边缘玫瑰花瓣边摆着一朵绿油油的西兰花。这样的佳肴，既是人间美味，又是一件特别的艺术品。

建兴蓬莱小面（东关路店）

地址　烟台市蓬莱市东关路育才街6号

电话　18353510157 / 13723967521

蓬莱小面
安静时光里的清香

听说烟台的福山大面与蓬莱小面是“双生姐妹花”，各有特色。品尝过烟台的福山大面后，定要再去品尝一下蓬莱小面的美味。

要想了解福山大面与蓬莱小面的故事，还要从100多年前几个顾客吃面的故事讲起。民国初年，有一位祖籍栖霞名叫衣福堂的师傅在蓬莱经营着一家面馆，卖的是福山大面。在一个寒冷的晚上，他正要关店门，进来3位吃面的客人，可一天下来，面基本卖完了，仅剩的一团面只够一个人吃的。衣福堂师傅看这三人的确是饿了，而这个时间还没关门的餐馆怕也不多了。于是他就将那团面拉成面条，分成了三碗，用清蒸吉鱼时剩下的骨肉熬成汤做配料。在煮熟的面条汤里用淀粉勾芡，再把鸡蛋打成蛋液倒进去。面条实在是少，衣师傅便用青花小瓷碗盛放，每个碗里的面条也就一两左右，但卤却很多。结果客人吃完后大加赞赏，并问这是什么面，一想到本来用大碗来盛的福山大面，如今却用这青花小碗来盛，衣师傅便脱口而出：“蓬莱小面。”

蓬莱阁游玩之后，我来到了一家叫作建兴蓬莱小面的店，想一品蓬莱小面的味道。蓬莱小面与福山大面和面的方法是有区别的，蓬莱小面在和面时要加入食用碱。把面粉和成光滑的面团后，用温开水将食用碱化开，一边揉面，一边一点一点地把碱水加进去，一定要时间长一点，让食用碱均匀地融入面团中。面和好后，用半个小时左右的时间来醒面，醒好的面团软而不黏，硬中有韧。拉面是一个技术活儿，每次大约用 3 两面团，拉长来回折 8 次，这样可以拉出 256 根面条。

做卤也是一个很重要的步骤。最传统的蓬莱小面是用吉鱼调卤，吉鱼又叫鲷鱼、铜盆鱼、加吉鱼。将吉鱼去内脏后洗净，在鱼身上切斜刀，用手轻轻拈起鱼尾，在刀口处放入调料腌 15 分钟，然后锅内加葱段、姜片、花椒等煮一会儿捞出。剔除鱼刺，将剔刺的鱼肉、切成丁的莴笋、泡发的木耳重新放入煮鱼的原汤中烧开，放入精盐，用水淀粉勾芡，一份鱼卤就做成功了。把面条捞进碗内，淋上面卤，一碗散发着无限馨香的蓬莱小面就做好了。

当服务生把用青花小瓷碗盛着的蓬莱小面端到我面前时，那特有的面香与海鲜卤的鲜香扑鼻而来，再看看漂浮在面卤里嫩黄的蛋花朵朵盛开，乳白色的面条细而韧，浓郁的卤汁滑而鲜。端起碗连汤带面送入口中，面条的芳香、卤汁的鲜香、蛋花的清香便齐聚到了舌尖上。

海涛渔家饭店

地址　烟台市蓬莱市抹直口村326号

电话　13455511199

韭菜海肠

鲜上加鲜的经典菜肴

俗话说“酒不醉人人自醉”，作为一个走到哪儿吃到哪儿的食客，如果不是美酒把我醉倒，那定是旅途中遇见的美味让我醉心。来到烟台，我终于与烟台有名的美味韭菜海肠相遇了。一个人在蓬莱美景中信步闲逛，当望到“海涛渔家饭店”的时候，那几间青砖红瓦的平房，立刻勾起我内心无限的回忆，就像久别的游子走进了家乡的老屋一般亲切。这是很简单、很朴素的一户农家院小渔馆，环境优雅。我信步走进去，找了一个位子坐了下来。刚坐下，美女老板便笑盈盈地走来，我想，今天的午餐就用一盘韭菜海肠和一碗鲜鱼水饺来打发吧。

海肠之所以被称为海中贵族，一是因为它的营养价值不可忽视，二是因为在中国只有渤海湾出产海肠，最后是因为它的价格非常昂贵，最贵的时候可达到上百元一斤。用海肠作为食材制作美味佳肴也不过几十年的时间，最初是生活在胶州半岛一带的渔民们，在海水落潮后把冲到沙滩上的海肠捡回家中，用韭菜翻炒，炒出来的韭菜海肠鲜上加鲜，有心的商家便把这道菜写进菜单里，想不到竟深受食客们喜爱，从此韭菜海肠便成为烟台的特色小吃，出现在烟台人的餐桌上。

制作韭菜海肠的方法并不复杂，主要食材是海肠和韭菜。把海肠和韭菜分别清洗干净，把海肠放在热水里焯一下，捞出后过冷水洗净，然后切成1厘米左右的段，韭菜也切成1厘米左右的段。把油烧至七八成热的时候倒入海肠，大火快速翻炒，等海肠的身体渐渐膨胀起来，其香味也弥漫开来的时候，再把韭菜倒进锅里，将适量糖、醋、食盐放入锅中，再次快速翻炒，让糖、醋、食盐均匀融入其中，再倒入水淀粉快速翻炒均匀后，一盘青红相间的韭菜海肠就可以端到餐桌上了。

韭菜是再平常不过的家常菜，由于其鲜香，往往被人们作为三鲜馅之首，配以鸡蛋和虾仁包水饺来吃。而海肠也是鲜美无比的美味，两鲜配在一起，味道定然与众不同。我一个人独享美味，海鲜水饺的鲜香、海肠韭菜的鲜嫩一一在舌尖上荡漾开来。整个人像被海风拂过一般惬意而满足。

本图书由北京出版集团有限责任公司依据与京版梅尔杜蒙（北京）文化传媒有限公司协议授权出版。

This book is published by Beijing Publishing Group Co. Ltd. (BPG) under the arrangement with BPG MAIRDUMONT Media Ltd. (BPG MD).

京版梅尔杜蒙（北京）文化传媒有限公司是由中方出版单位北京出版集团有限责任公司与德方出版单位梅尔杜蒙国际控股有限公司共同设立的中外合资公司。公司致力于成为最好的旅游内容提供者，在中国市场开展了图书出版、数字信息服务和线下服务三大业务。

BPG MD is a joint venture established by Chinese publisher BPG and German publisher MAIRDUMONT GmbH & Co. KG. The company aims to be the best travel content provider in China and creates book publications, digital information and offline services for the Chinese market.

北京出版集团有限责任公司是北京市属最大的综合性出版机构，前身为 1948 年成立的北平大众书店。经过数十年的发展，北京出版集团现已发展成为拥有多家专业出版社、杂志社和十余家子公司的大型国有文化企业。

Beijing Publishing Group Co. Ltd. is the largest municipal publishing house in Beijing, established in 1948, formerly known as Beijing Public Bookstore. After decades of development, BPG now owns a number of book and magazine publishing houses and holds more than 10 subsidiaries of state-owned cultural enterprises.

德国梅尔杜蒙国际控股有限公司成立于 1948 年，致力于旅游信息服务业。这一家族式出版企业始终坚持关注新世界及文化的发现和探索。作为欧洲旅游信息服务的市场领导者，梅尔杜蒙公司提供丰富的旅游指南、地图、旅游门户网站、App 应用程序以及其他相关旅游服务；拥有 Marco Polo、DUMONT、 Baedeker 等诸多市场领先的旅游信息品牌。

MAIRDUMONT GmbH & Co. KG was founded in 1948 in Germany with the passion for travelling. Discovering the world and exploring new countries and cultures has since been the focus of the still family owned publishing group. As the market leader in Europe for travel information it offers a large portfolio of travel guides, maps, travel and mobility portals, Apps as well as other touristic services. Its market leading travel information brands include Marco Polo, DUMONT, and Baedeker.